Bemerkungen

zum

„Vorläufigen Entwurf eines Deutschen Scheckgesetzes“

unter besonderer Berücksichtigung der

Herbeiführung eines einheitlichen Scheck-Rechts in Deutschland, Oesterreich und Ungarn.

Von

Dr. J. Riesser,
Geheimer Justizrat und ordentl. Honorar-Professor
an der Universität Berlin.

Berlin 1908.
J. Guttentag, Verlagsbuchhandlung,
G. m. b. H.

Dem unermüdlichen Vorkämpfer für die gesetzliche Regelung des Scheck-Rechts in Deutschland,

Wirklichen Geheimen Rat Dr. R. Koch,

Präsident des Reichsbankdirektoriums, Kron-Syndikus und Mitglied des Herrenhauses,

in alter, aufrichtiger Verehrung
gewidmet.

Vorwort.

In der vorliegenden Schrift sind vier Artikel zusammengefasst, welche ich in dem von mir herausgegebenen Bank-Archiv über den (im Reichsanzeiger vom 13. Juli 1907 publizierten) „vorläufigen Entwurf eines Scheckgesetzes“ am 1. und 15. August und am 15. November und 1. Dezember 1907 veröffentlicht habe, mit einer Reihe von Aenderungen und Zusätzen.

Die beiden letzten Artikel gehen im Interesse der Einheitsbestrebungen auf dem Gebiete des Scheckrechts auf die Beschlüsse näher ein, welche die am 8. und 9. November 1907 in Budapest abgehaltene Konferenz der mitteleuropäischen Wirtschaftsvereine aus Ungarn, Oesterreich und Deutschland gefasst hat.

Berlin, im Dezember 1907.

Dr. J. Riesser.

Zum „vorläufigen Entwurf eines Scheckgesetzes“ (Reichsanzeiger vom 13. Juli 1907).

I.

In den Kampf, welcher in besonders lebhafter Weise seit dem Oktober 1906[1]) unter den Freunden und Gegnern eines Scheckgesetzes entbrannt war[2]), aber seit 30 Jahren geführt wird[3]), hat die Reichsregierung dankenswerter Weise durch die Veröffentlichung eines

---

[1]) Seit der Denkschrift des Berliner Aeltestenkollegiums vom Oktober 1906, welche die Bedürfnisfrage verneinte.

[2]) Für ein Scheckgesetz vgl. aus der neuesten Zeit insbesondere die Resolution des Zentralausschusses Berliner kaufmännischer, gewerblicher und industrieller Vereine vom 19. Dezember 1906 auf Referat von Riesser; Reichsbankpräsident Koch im Bank-Archiv, Jahrg. VI, Nr. 15 vom 1. Mai 1907; Maeder im D. Oeconomist, XXV. Jahrg., Nr. 1267 vom 6. April 1907; Riesser, Das Bedürfnis nach einem deutschen Scheckgesetz, in der D. Jur. Zeitung vom 1. Januar 1907, XI. Jahrg., Nr. 1 und in der Leipziger Zeitschr. für Handelsrecht vom 15. Januar 1907, Jahrg. I, Nr. 2; ferner Georg Cohn, Der Kampf um ein Scheckgesetz im Bank-Archiv vom 15. April und 1. Mai 1907, Jahrg. VI, Nr. 14 und Nr. 15; Riesser, Scheckverkehr ohne Scheckgesetz?, in der D. Jur. Zeitung vom 1. Juni 1907, Jahrg. XII, Nr. 11; Derselbe, Scheckverkehr und Scheckgesetz, im Heft IV der Veröffentlichungen des Mitteleurop. Wirtschaftsvereins, (Vortrag, gehalten zu Dresden am 27. Mai 1907). — Gegen ein Scheckgesetz: Eltzbacher in der D. Jur. Zeitung vom 15. April 1907, XII. Jahrg., S. 441 ff. und Max Richter in der Deutschen Wirtschaftszeitung vom 1. März 1907, III. Jahrg., Nr. 5, S. 198 ff.

[3]) In erster Linie von Koch, (schon seit 1878) und von Professor Georg Cohn in Zürich (von letzterem in einer grossen Fülle von Abhandlungen), ferner von dem jetzigen österreichischen Justizminister Klein u. von Simonson, Hoppenstedt, Kuhlenbeck, von Canstein, Hammerschlag, Thorwart, Obst, Funck, Buff, Conrad, Maeder, Stranz u. a. m.

vorläufigen Scheckgesetzentwurfes eingegriffen. Unter diesen Umständen hat jedenfalls zunächst der Streit, ob ein Scheckgesetz notwendig oder wünschenswert sei, wenig Interesse mehr, umsomehr aber die Frage, ob der Inhalt des vorgelegten Entwurfes die Handels- und Verkehrskreise befriedigen kann.

Diese Frage darf wohl im allgemeinen bejaht werden[4]).

Die wesentlichsten Forderungen des Handelsstandes stellte (auf Antrag des Referenten Dr. Georg v. Siemens) der 11. deutsche Handelstag im Jahre 1882, also bereits vor 25 Jahren, dahin auf, dass ein Scheckgesetz, wenn es günstig wirken solle, den Scheck als eine Sichtanweisung des Ausstellers auf dessen verfügbares Guthaben bei dem Bezogenen zu definieren, eine kurze Präsentationsfrist und den wechselmässigen Regress gegen Aussteller und Indossanten festzustellen und die Stempelfreiheit des Scheckverkehrs anzuerkennen habe.

Allen diesen Forderungen ist in den §§ 6, 1 Ziff. 2, 9, 14, 15, 27 und 28 des vorläufigen Entwurfs entsprochen, welcher am Schlusse dieser Schrift als Anlage abgedruckt ist.

Die auf Referat des Verfassers dieser Zeilen ergangene Resolution des Zentralausschusses Berliner kaufmännischer, gewerblicher und industrieller Vereine vom 19. Dezember 1906 wiederholte jene Forderungen des Handelstages, ergänzte sie aber durch das Verlangen, dass der Scheck lediglich auf Banken und Bankiers gezogen sein dürfe, damit tunlichst eine Garantie geschaffen sei, dass er nicht durch Zahlung, sondern durch Umschreibung

---

[4]) In Uebereinstimmung mit den Feststellungen des Berliner Aeltestenkollegiums vom 16. Juli 1907 und der Berliner Handelskammer vom 26. Juli 1907, denen inzwischen eine grosse Reihe anderer amtlicher und privater Vertretungen des Handels, der Industrie und der Landwirtschaft beigetreten ist

oder Abrechnung, also im Giro- oder Abrechnungs-Verkehr, reguliert werde; dass ferner unter dem Guthaben auch ein vertragsmässig eingeräumter Kredit verstanden werden müsse, und dass endlich im Gesetz auch von Strafbestimmungen jeder Art Abstand zu nehmen sei, was auch in der Literatur schon lange zuvor in lebhafter Weise zum Ausdruck gelangt war[5]).

„Ein Gesetz", so erklärte die letzterwähnte Resolution, „welches auch nur einer dieser Bedingungen nicht entspricht, würde zur Hebung des Vertrauens zu dem Scheck und zur Verallgemeinerung des Scheckverkehrs nicht beitragen können."

Auch diesen Forderungen ist im Scheckgesetzentwurf entsprochen, und zwar hinsichtlich der ersten Punkte in den §§ 2 Ziff. 1 und 2, 21 Abs. 2.

Der Scheck ist demgemäss im Entwurf konstruiert als eine im Text als Scheck bezeichnete, Ort, Monatstag und Jahr der Ausstellung angebende, an eine Person oder Firma gerichtete (schriftliche) Aufforderung des unterzeichneten Ausstellers, aus seinem Guthaben bei dem Bezogenen an eine im Scheck bezeichnete bestimmte Person oder Firma (oder deren Order § 7) oder an den Inhaber (Ueberbringer) eine bestimmte Geldsumme zu zahlen (§ 1).

Als Bezogene dürfen [nur] bezeichnet werden die Reichsbank und diejenigen staatlichen und kommunalen Geld- und Kredit-Institute und Genossenschaften, welche sich bestimmungsgemäss (also auf Grund ihrer Konzessionen, Satzungen oder Reglements) mit Geldannahme und Zahlungsleistungen für fremde Rechnung befassen, sowie die in das Handelsregister einge-

---

[5]) Vgl. u. a. Riesser, Zur Revision des Handelsgesetzbuchs, Bd. 2 (1889), S. 282 und Hoppenstedt, Zum Scheckgesetz, (Berlin 1892), S. 10 und: Ein zweites Wort zum Scheckgesetz, (Berlin 1892), S. 15—17.

tragenen Firmen, welche gewerbsmässig Bankiergeschäfte betreiben (§ 2).

Als Guthaben kann jeder Geldbetrag gelten, bis zu dessen Höhe der Bezogene nach der zwischen ihm und dem Aussteller getroffenen Vereinbarung (richtiger: nach dem zwischen ihm und dem Aussteller bestehenden Rechtsverhältnis)[6]) zur Einlösung auf ihn gezogener Schecks des Ausstellers verpflichtet ist (§ 21 Abs. 2).

Der Scheck ist bei Sicht zahlbar (§ 6), und zwar an dem bei dem Namen oder der Firma der Bezogenen angegebenen Ort und in Ermangelung einer solchen Angabe am Ausstellungsort, es gibt also keine domizilierten Schecks (§ 3 Abs. 1).

Die Angabe eines andern Zahlungsorts oder die Angabe einer anderen Zahlungszeit, als der gesetzlich gestatteten[7]), sowie die Weglassung eines der in § 1 bezeichneten wesentlichen Merkmale des Schecks macht den Scheck als solchen ungültig (§§ 3 Abs. 2,6), welchenfalls er aber

---

[6]) Durch diesen Ausdruck würde auch der Fall gedeckt, dass ein Dritter dem Aussteller beim Bezogenen einen Kredit eröffnet, also ihm das erforderliche „Guthaben" schafft. Dieser Fall würde durch die bisherige Fassung des § 21 Abs. 2 nicht gedeckt sein, da es sich hier nicht um eine Vereinbarung zwischen dem Aussteller und dem Bezogenen, sondern um den Vertrag eines Dritten mit dem Bezogenen zu Gunsten des Ausstellers handelt.

[7]) Die Forderung des Einsenders einer Besprechung über den Scheckgesetzentwurf im Breslauer General-Anzeiger, 20. Jahrg. Nr. 203 vom 27. Juli 1907, dass der Scheck die Angabe des Verfalltages enthalten müsse, ist angesichts des § 6, wonach der Scheck — in Uebereinstimmung mit den Scheckgesetzen von Oesterreich, England, Frankreich, Belgien und der Schweiz — bei Sicht zahlbar ist, nicht recht verständlich, falls sie nicht etwa nur heissen soll, dass die Worte: „bei Sicht zahlbar" in den Text des Schecks aufzunehmen seien. Die Zahlbarkeit des Schecks bei Sicht, unter Ausschluss jedes anderen Verfalltages, ist als „notwendiges Korrelat zu der kurzen Präsentationsfrist" ein wesentliches Erfordernis des Schecks.

event. als Anweisung, Auftrag, Abtretung etc. aufrecht erhalten werden könnte.

Ist der Scheck auf eine bestimmt bezeichnete Person oder Firma gestellt, so ist er gleich dem Wechsel, auch wenn er nicht ausdrücklich an Order lautet, doch als Order-Scheck anzusehen, also (vgl. § 363 H.G.B.) indossabel (§ 7).

Der Scheck darf nicht akzeptiert werden, ein etwaiger Annahmevermerk gilt als nicht geschrieben (§ 8)[8].

Ein in Deutschland ausgestellter und zahlbarer Scheck ist spätestens binnen sieben Tagen[9]) — wobei der Ausstellungstag nicht mitgerechnet wird — zur Zahlung vorzulegen (oder bei einer Abrechnungsstelle, bei welcher der Bezogene vertreten ist, einzuliefern) und im Falle der Nichteinlösung zu protestieren. Die rechtzeitige Vorlegung und Nichteinlösung kann aber auch auf andere Weise, insbesondere durch eine Erklärung des Bezogenen, die er mit Angabe des Vorlegungstags zu unterzeichnen hat, und durch eine Bescheinigung einer Abrechnungsstelle über die rechtzeitig erfolgte Einlieferung und Nichteinlösung des Schecks bewiesen werden (§§ 9 Abs. 1, 10, 15).

Wird in dieser Weise die rechtzeitige Vorlegung und die Nichteinlösung des Schecks nachgewiesen, so sind der Aussteller und diejenigen Indossanten, die nicht etwa mit dem Zusatz „ohne Obligo" oder einem ähnlichen Vorbehalt indossiert haben (§ 14 Abs. 2), dem Scheckinhaber, der dagegen den Scheck nebst jenem Nachweis und einer quittierten Retourrechnung (Rikambiorechnung) auszuliefern hat, regresspflichtig, und zwar ist der wechselmässige und im Wechselprozess verfolgbare Sprungregress in dem Umfange zulässig,

---

[8]) Die Anweisung kann dagegen nach § 784 B.G.B. durch schriftlichen Vermerk des Bezogenen auf der Urkunde angenommen werden.

[9]) Im Entwurf von 1892 war eine Vorlegungsfrist von fünf Tagen bestimmt.

wie ihn die Wechselordnung feststellt (§§ 14, 17 Abs. 1 u. 2, 15—18, 27). Beim Inhaberscheck trifft die Regresspflicht ausser dem Aussteller jeden, der seinen Namen oder seine Firma auf die Rückseite des Schecks geschrieben hat. (§ 14 Abs. 3.) Diese Regressansprüche verjähren, wenn der Scheck in Europa zahlbar ist, in drei, sonst in sechs Monaten (§ 19 Abs. 1)[10]).

Einreden gegen den Regressanspruch kann der Schuldner nur in sehr beschränktem Umfange, nämlich nur insoweit erheben, als sie entweder aus der Urkunde (dem Scheck) selbst hervorgehen oder ihm direkt gegen den Kläger zustehen (§ 17 Abs. 2).

Abgesehen von diesem aus dem Scheck selbst begründeten Anspruch (dem Regress-Anspruch) kann aber der Scheckinhaber noch drei weitere Ansprüche erheben, welche aus den unterliegenden Rechtsverhältnissen erwachsen und deshalb nicht im Wechselprozess geltend zu machen sind (s. § 27 Abs. 2) nämlich:

1. den Anspruch des Ausstellers gegen den Bezogenen auf Zahlung des Scheckbetrages gemäss dem zwischen diesen beiden abgeschlossenen Vertrage. Der Bezogene soll also jedem Scheckinhaber gegenüber insoweit zur Zahlung der Schecksumme verpflichtet sein, als er hierzu dem Aussteller gegenüber auf Grund des mit diesem geschlossenen Scheckvertrages verpflichtet ist, und zwar hier auch nach Ablauf der Vorlegungsfrist und so lange, als nicht ein Widerruf des Schecks erfolgt ist, der aber dem Bezogenen gegenüber erst nach Ablauf der Vorlegungsfrist[11]) zulässig ist.

---

[10]) Dagegen verjährt der nur auf das unterliegende Rechtsverhältnis zu stützende Anspruch des Anweisungsempfängers gegenüber dem Aussteller und Indossanten gemäss § 195 B.G.B. regelmässig erst in 30 Jahren.

[11]) Nach dem Entwurf von 1892 war ein Widerruf überhaupt nicht zulässig. Dagegen kann die Anweisung nach § 790

Ist ein Widerruf nach Ablauf der Vorlegungsfrist erfolgt, so darf der Bezogene den Scheck nicht mehr einlösen (§ 11);

2. den Bereicherungsanspruch gegen den Aussteller, wenn dessen Regresspflicht entweder durch Unterlassung rechtzeitiger Vorlegung oder durch Verjährung erloschen ist[12]). Der Aussteller haftet in diesem Falle dem Scheckinhaber insoweit, als er sich mit dessen Schaden bereichern würde. Um diesen Bereicherungsanspruch des Scheckinhabers nicht etwa an Beweisschwierigkeiten scheitern zu lassen, bestimmt das Gesetz, dass der Aussteller in Höhe des Scheckbetrages als bereichert gilt, wenn er nicht das Gegenteil beweist (§ 20);
3. einen Schadensersatzanspruch gegen den Aussteller im Falle der Nichteinlösung des rechtzeitig vorgelegten Schecks, wenn der Aussteller
   a) bei Begebung des Schecks wusste oder ohne grobes Verschulden wissen musste, dass ihm bei dem Bezogenen zu dieser (?) Zeit ein Guthaben, welches zur Einlösung dieses Schecks und etwaiger anderer von ihm auf den nämlichen Bezogenen gezogenen Schecks ausreicht, nicht zustand, oder wenn der Aussteller
   b) nach Begebung des Schecks über das Guthaben in der Absicht verfügt hat, die Einlösung zu vereiteln (§ 21 Abs. 1 Ziff. 1 u. 2).

Diese drei Ansprüche verjähren in einem Jahr seit der Scheck-Ausstellung (§ 22).

Satz 1 B.G.B. dem Angewiesenen gegenüber jederzeit widerrufen werden, so lange sie nicht dem Anweisungsempfänger gegenüber angenommen worden ist oder so lange der Angewiesene nicht die Leistung bewirkt hat.

[12]) Vergl. art. 83 der A.D.W O.

Den in Deutschland schon lange üblichen Verrechnungs-Scheck hat der Entwurf übernommen. Der Scheckinhaber[13]) kann durch den quer über die Vorderseite geschriebenen oder gedruckten Zusatz: „nur zur Verrechnung“ die Barzahlung des Schecks dem Bezogenen bei Meidung der Schadensersatzpflicht verbieten. Der Scheck darf dann nur zur Verrechnung mit dem Bezogenen oder einem seiner Girokunden oder einem Mitglied der am Zahlungsort bestehenden Abrechnungsstelle mit der Wirkung der Zahlung benutzt werden. Das Verbot kann nicht zurückgenommen werden; der Bezogene haftet dem Vorleger des Schecks für die dessen Bestimmung entsprechende alsbaldige Gutschrift des Scheckbetrages (§§ 12, 13).

Die Ansprüche des Scheckinhabers gegen den Bezogenen auf Grund dieser Vorschriften verjähren in einem Jahre seit der Scheckausstellung (§ 22).

Wegen der Benachrichtigung (Notifikation) der Vormänner und des Einlösungsrechts derselben gelten die Artt. 45—48 der A. D. Wechselordnung (§ 16).

Abhanden gekommene oder vernichtete Schecks unterliegen der Kraftloserklärung im Wege des Aufgebotsverfahrens, nach dessen Einleitung der Eigentümer des rechtzeitig vorgelegten, aber nicht eingelösten Schecks gegen Sicherheitsleistung die Zahlung, sonst die Hinterlegung der Regresssumme vom Aussteller beanspruchen kann.

Auch kann das Gericht bei Einleitung des Aufgebotsverfahrens auf Antrag des Berechtigten dem Bezogenen ein Einlösungsverbot zugehen lassen, und zwar, gegen Sicherheitsleistung des Antragstellers, auch dann, wenn der Verlust des Schecks und die Tatsachen, von denen die Berechtigung zur Beantragung des Aufgebotsverfahrens nach § 1007 Ziff. 2 der Zivilprozessordnung abhängt, noch nicht glaubhaft gemacht sind (§§ 25, 26).

---

[13]) Hier wäre zu sagen: der Aussteller und der Inhaber des Schecks.

Diejenigen Schecks, welche den Vorschriften des § 1 (hinsichtlich des wesentlichen Inhalts der Urkunde), des § 2 (hinsichtlich der Firmen, welche als Bezogene bezeichnet werden dürfen), des § 3 (hinsichtlich des Zahlungsorts), des § 6 (hinsichtlich der Zahlungszeit) und des § 24 (hinsichtlich der wesentlichen Erfordernisse eines im Ausland ausgestellten Schecks oder einer im Ausland auf einen Scheck gesetzten Erklärung) nicht entsprechen, können die im § 24 des Wechselstempelsteuergesetzes vom 10. Juni 1869 festgestellte Befreiung von der Wechselstempelsteuer nicht in Anspruch nehmen (§ 28).

II.

Im folgenden soll dieser Entwurf lediglich in denjenigen Punkten kritisch gewürdigt werden, welche entweder für den Scheckverkehr überhaupt oder für die am Scheckverkehr Beteiligten ein unmittelbares praktisches Interesse bieten[13a]).

Der Entwurf hat, wie es scheint, einer kommissarischen Beratung innerhalb der Reichs- und Ministerial-Ressorts noch nicht unterlegen, weil man wohl zunächst die Aufnahme des „vorläufigen" Entwurfs bei den Beteiligten und deren Aeusserungen abwarten wollte. Es dürfte daher genügend Gelegenheit sein, einzelnen Anregungen und Wünschen, auch solchen, die bereits in den Tageszeitungen zum Ausdruck gelangt sind, Rechnung zu tragen, soweit die letzteren nicht auf einer missverständlichen Auslegung des Entwurfs[14]) oder auf einer Verkennung der

---

[13a]) Inzwischen ist eine überaus eingehende, den Gegenstand nach allen Seiten beleuchtende Kritik des Entwurfs von Professor Georg Cohn in der Goldschmidt'schen Zeitschrift Bd. 61 Heft 1 S. 1—126 erschienen.

[14]) So, wenn in einem Artikel von R. E. May (Hamburg) im „Tag" vom 18. Juli 1907, Nr. 359, der Wunsch ausgesprochen wird, der Ausdruck „aus meinem Guthaben" sollte in der Aufforderung an den Bezogenen (§ 1 Ziffer 2) wegfallen, weil es sonst

Natur des Schecks oder der Aufgaben des Scheckverkehrs beruhen [15]).

Der Mitteleuropäische Wirtschaftsverein in Deutschland hat inzwischen einen im Auftrag des Direktoriums von dem Verfasser dieser Zeilen ausgearbeiteten, mit ausführlichen Erläuterungen versehenen Fragebogen sowohl an seine Mitglieder, als an die Vertretungen der beteiligten Verkehrskreise versandt, um durch diese Rundfrage die Ansichten, Bedenken und Wünsche der Industrie, des Handels und der Landwirtschaft festzustellen. Das Resultat dieser Rundfrage dürfte eine ausreichende und sichere

---

zweifelhaft sein könnte, ob das Wort „Guthaben" auch den Kredit mit umfasse, der dem Aussteller von dem Bezogenen (oder bei dem Bezogenen durch Akkreditierung seitens eines Dritten) eingeräumt ist, wobei die ausdrücklich für solche Fälle bestimmte Vorschrift des § 21 Abs. 2 übersehen ist, welche allerdings mit Rücksicht auf den letzten Fall etwas anders zu fassen ist. (S. oben S. 10 u. Anm. 6). Oder wenn in dem nämlichen Aufsatz zu § 17 der Wunsch ausgesprochen wird, es möge festgestellt werden, was die „Retourrechnung" enthalte, während dies zwar nicht durch § 17, aber durch den § 16 insofern klargestellt ist, als hier „wegen des Umfangs der Regressforderung" ausdrücklich auf den Artikel 50 der A.D.W.O. verwiesen ist, der die gewünschte Aufklärung gibt.

[15]) So, wenn A. Gumbel (Heilbronn) im „Tag" (25. Juli 1907) eine Vorlegungsfrist von drei Monaten fordert, da bisher der Aussteller der (jetzt in der Tat oft so lange umlaufenden) Schecks erst per Einlösungstag belastet worden sei, also einen erheblichen Zinsgewinn gehabt habe, so dass er durch die vorgeschlagene kurze Vorlegungsfrist geschädigt werde. Es werde damit „der ganze Reiz zur Ausstellung von Schecks" beseitigt. Dieser Standpunkt erinnert ein wenig an die starke Opposition, welche einst die Wechsler (campsores) im Mittelalter gegen die Ausbildung des Indossaments machten, weil sie dadurch eine Schmälerung ihres Gewinnes aus dem Wechselgeschäft befürchteten. (Vergl. Grünhut, Das Wechselrecht, 1897, Bd. I, S. 95 ff.) Nur wird von Gumbel allerdings auch der allgemeine Gesichtspunkt geltend gemacht, es werde der Scheckverkehr durch eine kurze Präsentationsfrist „nicht gefördert, sondern geradezu totgeschlagen werden". Dabei ist aber wohl die Tatsache nicht gewürdigt, dass die Präsentationsfrist nach den Scheckgesetzen der meisten Staaten teils eine gleich kurze, teils eine kürzere ist wie die des Entwurfs, welche letztere

Grundlage für eine Denkschrift abgeben, welche alsdann den verbündeten Regierungen eingereicht werden soll[15a]).

1. Bei einer Durchsicht des Entwurfs fällt zunächst die Tatsache auf, dass der Entwurf in sehr erheblichem Umfange auch solche Fragen regelt, die weder die Urkunde (den Scheck) selbst betreffen, noch die Rechte und Pflichten der an seinem Umlauf Beteiligten, die vielmehr ausserhalb der Urkunde liegenden Rechtsverhältnissen, nämlich den der Ausstellung oder der Begebung des Schecks unterliegenden Rechtsverhältnissen, ihre Entstehung verdanken.

Unsere so ausserordentlich bewährte A.D.W.O. hat dies (abgesehen von der Zulassung des Bereicherungsanspruchs des Artikel 83, den auch der Entwurf im § 20 übernimmt — s. unten sub c) — grundsätzlich vermieden. Dagegen will der Entwurf, abgesehen von dem Bereicherungsanspruch, noch drei weitere schon in unserem

---

7 Tage (oder vielmehr, da der Ausstellungstag und der in die Frist fallende Sonntag nicht mitgerechnet werden, 9 Tage) beträgt. In England legt die Praxis die Frist zur Vorlegung innerhalb „a reasonable time" sogar dahin aus, dass in der Regel der Scheck zur Zahlung vorzulegen ist „the day after it is received", und man wird wohl kaum behaupten können, dass in allen diesen Ländern der Scheckverkehr „totgeschlagen" ist. Natürlich kann man darüber reden, ob gerade 7 oder 9 Tage (der frühere Entwurf hatte 5 bestimmt) richtig sind oder ob man etwa 10 oder 12 Tage festsetzen könnte. Aber daran muss festgehalten werden, dass der Scheck eine kurze (also nicht eine dreimonatige) Präsentationsfrist, wie dies auch der 11. deutsche Handelstag ausdrücklich verlangt hat, gebieterisch erfordert, weil sie allein verhindert, dass der Scheck zu einem Kreditpapier wird an Stelle eines zu rascher Erledigung drängenden Kassapapiers. Erwähnenswert ist übrigens die Anregung des kaiserlichen Bankvorstands Fritz Lennert im Berliner Tageblatt vom 1. August 1907, Nr. 386 zum § 8, dem Verrechnungsscheck eine längere, also eine etwa 14tägige Vorlegungsfrist (gegenüber der 7tägigen Frist für die übrigen Schecks) einzuräumen. Er erwartet davon, was allerdings bezweifelt werden muss, den Erfolg, „dass 99 pCt. sämtlicher Schecks durch Verrechnung erledigt würden", was sicherlich vom volkswirtschaftlichen Standpunkt aus überaus wünschenswert wäre.

[15a]) Dies ist inzwischen geschehen.

ersten Artikel (vergl. oben S. 12 u. 13) erwähnte Ansprüche in das Scheckrecht einführen, welche lediglich auf ausserhalb des Schecks, also an sich auch ausserhalb des Gebietes des Scheckgesetzes stehenden, der Ausstellung oder Begebung des Schecks zugrunde liegenden Rechtsverhältnissen beruhen, und zwar handelt es sich zunächst:

a) um einen Einlösungsanspruch des Scheckinhabers, der dem der Ausstellung des Schecks zugrunde liegenden Rechtsverhältnisse (zwischen dem Aussteller und Bezogenen) entnommen ist.

Der Bezogene soll nach § 11 jedem Scheckinhaber insoweit für die Zahlung der Schecksumme haften, als der Bezogene zur Zeit der Vorlegung des Schecks dem Aussteller gegenüber zur Einlösung des Schecks verpflichtet wäre. M. a. W.: der Scheckinhaber soll die Rechte des Scheckausstellers aus dem Scheckvertrage gegen den Bezogenen geltend machen können, so dass er sich somit auch die Einwendungen entgegen halten lassen muss, die seitens des letzteren dem Aussteller gegenüber vorgebracht werden können. Die Klage ist also sowohl von der Existenz, als von dem Inhalte des Scheckvertrages zwischen Aussteller und Bezogenen abhängig gemacht, also doppelt bedingt.

Es wird aus den Beratungen der berufenen Vertretungen der am Scheckverkehr beteiligten Kreise der Industrie, des Handels und der Landwirtschaft, sowie aus den Aeusserungen klar werden, die auf den Fragebogen des Mitteleuropäischen Wirtschaftsvereins eingehen werden, inwieweit die Verkehrskreise auf diese bedingte Klage des Scheckinhabers gegen den Bezogenen grossen Wert legen[15b]), welche in den bisherigen Resolutionen der amtlichen Handelsvertretungen, so weit ich sehen kann, nicht als eine besondere Forderung aufgestellt wurde.

15b) Nach den inzwischen zahlreich eingegangenen Aeusserungen ist dies nicht der Fall.

Einer solchen Klage steht zunächst die Tatsache entgegen, dass sie unserem Wechselrecht unbekannt ist, welches eine direkte Klage des Wechselinhabers gegen den Bezogenen erst dann kennt, wenn dieser den Wechsel akzeptiert hat. Freilich ist diese Tatsache deshalb nicht ohne weiteres verwertbar, weil nach dem Entwurf nicht eine Klage aus der Urkunde (dem Scheck), sondern lediglich aus dem unterliegenden Rechtsverhältnis gegeben wird, und weil, im Gegensatz zum Wechsel, der Scheck in der Urkunde selbst auf dieses unterliegende Rechtsverhältnis, nämlich auf das Guthaben des Ausstellers bei dem Bezogenen, ausdrücklich Bezug nimmt.

Materiell aber liesse sich für eine solche Klage anführen, dass die Rücksicht auf eine ihm drohende Klage des Scheckinhabers den Bezogenen verhindern werde, etwaigen Verfügungen des Ausstellers über sein Guthaben nachzukommen, dass sie also den Scheck in seinen Wirkungen tunlichst der Barzahlung annähern, also auch zur Popularisierung des Schecks beitragen werde.

Demgegenüber seien aber folgende — doch wohl überwiegende — Bedenken nicht verschwiegen: Der Scheckinhaber ist in der Regel weder über den Inhalt des Scheckvertrages zwischen dem Aussteller und dem Bezogenen, noch darüber unterrichtet, ob der Aussteller zur Zeit der Vorlegung des Schecks ein ausreichendes Guthaben bei dem Bezogenen besitzen wird, wie er es nach dem Inhalt des Schecks zur Zeit der Ausstellung und Begebung des Schecks besass oder zu besitzen behauptet hatte; er weiss namentlich nicht, ob der Aussteller nicht etwa nach Ausstellung des Schecks weitere Schecks auf den nämlichen Bezogenen ausgestellt hat und ob diese nicht vor dem seinigen dem Bezogenen zur Einlösung vorgelegt wurden und vielleicht das vorhandene Guthaben erschöpft haben.

Er ist also auf die Beihilfe des Ausstellers und auf die ihm von diesem zu gewährenden Beweismittel angewiesen, die dieser ihm, der ihm meist gänzlich unbekannt ist, kaum immer gewähren wird. Kurz, er muss seinen Anspruch gegen den Bezogenen entweder ganz ohne Kenntnis des wirklichen Sachverhalts oder auf Grund von vielleicht unzureichenden oder vielleicht nicht ohne Absicht irreführenden Mitteilungen und Beweismitteln des Ausstellers in einem Prozesse geltend zu machen suchen, dessen — wohl meist nicht unerhebliche — Kosten er zu tragen hat, wenn er ihn verliert. Da er sich zudem auf ein aus dem Scheck selbst nicht ersichtliches Verhältnis, nämlich auf den zwischen dem Aussteller und dem Bezogenen abgeschlossenen Scheckvertrag, stützt, kann er die Klage nicht im Wechselprozess (vergl. § 27 Abs. 2 des Entwurfs), und in der Regel auch nicht im Urkundenprozess[16]) durchführen, sondern nur in den langsamen Formen des gewöhnlichen Prozesses, der allen Einwendungen unbegrenzten Raum bietet und überdies weit grössere Kosten verursacht (vgl. § 25 G. K. G., § 19 R. A. Geb. O.).

Das Bekanntwerden einiger unglücklicher Prozesse dieser Art dürfte wohl kaum erheblich zu dem gewünschten Erfolge der „Popularisierung" des Schecks beitragen; mindestens aber dürfte es die Scheckinhaber veranlassen, den weit kürzeren Weg der Regressklage gegen den Aussteller und etwaige Indossanten immer dann vorzuziehen, wenn diese solvent und im

[16]) Die Zulässigkeit des Urkundenprozesses hängt davon ab, ob die sämtlichen zur Begründung des Anspruchs erforderlichen Tatsachen durch klägerischerseits vorzulegende Urkunden bewiesen werden können (§§ 592, 595 Abs. 3 Z.P.O.), was in den Fällen der §§ 11 und 21 mit Rücksicht auf die Grundlage dieser Ansprüche kaum möglich sein wird. Ueberdies wird, wenn über den Inhalt des Scheckvertrages zwischen Aussteller und Bezogenen überhaupt eine Urkunde getätigt ist, der Scheckinhaber zu ihrer Vorlegung gemäss § 595 Abs. 3 Z.P.O. zumeist nicht in der Lage sein.

Lande sind, und jene doppelt bedingte Klage gegen den Bezogenen zu unterlassen.

Was aber den Bezogenen betrifft, so ist er nach dem Entwurfe in der wenig beneidenswerten Lage, derartige Prozesse, die der Scheckinhaber, wie wir sahen, vielleicht ohne jede Kenntnis des Sachverhalts gegen ihn einleitet, über sich ergehen lassen zu müssen, obwohl der Aussteller zur Zeit der Vorlegung des Schecks tatsächlich kein oder kein ausreichendes Guthaben mehr bei ihm hatte (z. B. weil er infolge seiner anderweiten Geschäftsverbindung mit dem Bezogenen über sein Guthaben ganz oder teilweise verfügt hat, was der Bezogene nicht wird hindern können). Es kann auch sein, dass der Aussteller zur Zeit der Vorlegung dieses Schecks ein hinreichendes Guthaben hat, dass er aber mehrere Schecks auf den Bezogenen ausgestellt hat und dass nun die Inhaber dieser mehreren Schecks sich an einem Tage, vielleicht in einer Stunde, bei ihm melden, was ja namentlich an dem ersten jedes Kalenderquartals recht gut vorkommen kann. Dann müsste der Bezogene die Einlösung nicht nur nach dem Tage, sondern nach der Minute der Vorlegung vornehmen, wenn er sich nicht für die Zahlung der Schecksumme verantwortlich machen will. Dass er nach diesen Grundsätzen einen nach dem andern ordnungsmässig befriedigt hat, würde er später unter Umständen seinerseits beweisen müssen. Es ist, wenn alles dies richtig ist, kaum in Abrede zu stellen, dass hier eine schwer erträgliche Belästigung des Verkehrs vorliegen würde, der man jedenfalls für letztere Fälle durch eine Zusatzbestimmung im Entwurfe zuvorkommen müsste. Aus den erörterten Gründen glaube ich nicht, dass jene doppelt bedingte direkte Klage des Scheckinhabers gegen den Bezogenen, auch wenn der Entwurf sie beibehielte, in der Praxis jemals eine grosse Rolle spielen würde.

Immerhin kann nicht bezweifelt werden, dass eine

solche Klage dem Bedürfnis des Scheckverkehrs Rechnung trägt, dass der Scheck, der von der Hinnahme bis zur Einlösung nach der Konstruktion des Entwurfs und nach der überwiegend in der Rechtswissenschaft vertretenen Ansicht nur ein Zahlungsmittel, nicht eine Zahlung darstellt, doch in seinen Wirkungen, so weit irgend tunlich, der Barzahlung angenähert werden sollte[17]).

Sollte sich daher nach den demnächst eingehenden Aeusserungen der Beteiligten herausstellen, dass dieselben aus diesem Grunde auf eine solche Klage wesentlichen Wert legen, was ich einstweilen stark bezweifle, so würden wohl nach einem solchen mehr wirtschaftspolitischen Standpunkte die oben dargelegten Bedenken gegen jene Klage zurücktreten müssen.

Allerdings kann nicht verkannt werden, dass gerade dieses Ziel besser erreicht werden würde, wenn man nach v. Cansteins Vorschlag[18]) jene Klage von dem Bestand und dem Inhalt des Scheckvertrages völlig loslösen, sie also dahin formulieren würde:

„Der Bezogene haftet dem Scheckinhaber, soweit der Aussteller zur Zeit der Vorlegung des Schecks ein Guthaben auf den Bezogenen besitzt". Dieser von v. Canstein in mehreren Schriften[19]) lebhaft

---

[17]) Dieser Wunsch wird unter anderen auch in einem Artikel der „Neuesten Nachrichten für Braunschweig" XI. Jahrgang Nr. 167 vom 19. Juli 1907 mit den viel zu weitgehenden Worten ausgesprochen: „Der Scheck muss ein vollwertiger Münzersatz werden," während v. Canstein in der Schrift: „Die Klage des Scheckinhabers gegen den Bezogenen" (Goldschmidt's Zeitschrift Bd. 60 Heft 2 S. 165) sich dahin ausdrückt: „Deshalb muss der Schecknehmer demjenigen möglichst gleichgestellt werden, der bar bezahlt ist oder eine Banknote erhalten hat. Und was die deutsche Banknote charakterisiert, ist die Klage gegen die Bank, wenn sie die Einlösung verweigern sollte. Dass dies von Bedeutung ist, beweist am evidentesten der Vergleich zwischen der deutschen und der österreichischen Banknote."

[18]) a. a O. S. 173.

[19]) Vergl. ausser der in Anm. 17 zitierten Schrift auch das

empfohlene, zunächst sehr bestechende, Vorschlag beruht auf dem von der französischen Rechtslehre und Praxis und in Schottland lange vertretenen Standpunkte, dass durch die Begebung des auf das Guthaben des Ausstellers gezogenen Schecks der letztere dieses sein Guthaben beim Bezogenen skripturmässig (ganz oder teilweise) an den Schecknehmer abtrete (cediere).

Praktisch würde der Vorschlag ohne jeden Zweifel allen den Wünschen zur Erfüllung verhelfen, welche den Scheck nicht nur in seinen Wirkungen tunlichst der Barzahlung annähern, sondern ihn der Barzahlung gleichstellen, ihn also noch auf eine höhere Stufe im Zahlungsverkehr erheben wollen, wie sie die Banknote darstellt, während nach unserem jetzt bestehenden Recht (§ 24 Abs. 2 Ziff. 1 des Wechselstempelsteuergesetzes vom 10. Juni 1869) der Scheck nur als eine Anweisung des Ausstellers auf sein Guthaben bei dem seine Zahlungen besorgenden Bank- oder Geldinstitute zu betrachten ist, für welche der Satz „Anweisung ist keine Zahlung" auch nach dem B.G.B. (§§ 783, 788) volle Geltung hat.

Jener Vorschlag würde nämlich den Widerruf des Schecks durch den Aussteller überhaupt, also auch nach der Vorlegungsfrist, unmöglich machen, da er sein Guthaben abgetreten hat, und ebenso, was aber auch sonst eintreten würde, seinen Tod, den Eintritt seiner Geschäftsunfähigkeit u. dergl. als einflusslose Tatsachen erscheinen lassen. Das letztere würde auch gelten von dem Konkurse des Ausstellers, da alsdann der Bezogene infolge der Abtretung, zu welcher seine Einwilligung nach § 398 B.G.B. nicht erforderlich ist, das Guthaben des Ausstellers nicht zur Konkursmasse abzuliefern, sondern (bis zur Höhe des Scheckbetrages) zur Einlösung des Schecks zu verwenden

Buch: Scheck, Wechsel und deren Deckung, 1890 und: Der Scheck nach dem österreichischen Gesetz vom 3. April 1906 (Carl Heymann, 1906).

hätte, soweit nicht etwa die Scheckbegebung selbst angefochten werden könnte. Dadurch würde die Frage, ob dem Scheckinhaber an dem zur Konkursmasse abgelieferten Guthaben des Ausstellers ein Aus- oder Absonderungsrecht zuzubilligen sei, in der Regel zu Gunsten des Scheckinhabers gegenstandslos werden.

Da der Entwurf im § 1 Ziff. 2 ausdrücklich von einer Aufforderung des Ausstellers an den Bezogenen und nicht von einer Anweisung spricht, so lässt sich verstehen, dass v. Canstein zweifelt, ob nicht auch der deutsche Entwurf sich seine Theorie[20]), wenn auch nicht vollständig[21]), doch grundsätzlich angeeignet habe, und verständlich finden, dass er jedenfalls den Wunsch hat, sie hier zur Anerkennung zu bringen.

Ich glaube aber, dass der Verwirklichung des letzteren Wunsches doch so erhebliche Bedenken entgegenstehen, dass daran schwerlich zu denken sein dürfte, dass aber auch seine praktische Bedeutung angesichts der Beschränkung der passiven Scheckfähigkeit auf Banken und Bankiers deshalb weniger erheblich ist, weil diese, wenn das Guthaben des Ausstellers vorhanden ist, schon in ihrem eigensten Interesse den Scheck zahlen müssen und werden.

Der Entwurf wird aber alle Zweifel nach dieser Richtung durch eine klare und zweifellose Stellungnahme beseitigen müssen, was bisher leider nicht geschehen ist.

b) Zwei weitere und zwar auf Schadensersatz ge-

---

[20]) Sie ist u. a. anerkannt von Kohler, Lehrbuch des Konkursrechts, 1891 S. 601 und Nachtrag S. 110; ferner von Conrad in der Goldschmidtschen Zeitschr. Bd. 57 S. 77 und von Moltmann in der Zeitschr. für vergleichende Rechtswissenschaft Bd. 17 S. 297 ff.

[21]) Dagegen kann allerdings, ungeachtet der unbestimmten Ausdrucksweise des Entwurfs, schon jetzt angeführt werden, dass nach S. 20 der Begründung zu § 10 des Entwurfs I, der hier ganz auf dem nämlichen Standpunkt steht, wie der Entwurf II, angenommen wird, dass der Bezogene das Guthaben des Ausstellers, wenn dieser in Konkurs verfallen ist, zu dessen Konkursmasse abzuführen hat.

richtete Ansprüche des Scheckinhabers leitet der Entwurf ab aus dem der Begebung des Schecks unterliegenden Rechtsverhältnisse.

Der Scheckinhaber, welcher den Scheck rechtzeitig dem Bezogenen zur Zahlung vorgelegt hat, soll im Falle der Nichteinlösung desselben den Aussteller für den aus der Nichteinlösung entstehenden Schaden (also sowohl für den direkt hieraus entstandenen Schaden, als für den ihm dadurch entgangenen Gewinn) haftbar machen können, wenn der Aussteller bei Begebung des Schecks wusste oder ohne grobes Verschulden wissen musste, dass ihm zur Zeit der Begebung ein Guthaben, welches zur Einlösung des Schecks und der von ihm auf denselben Bezogenen etwa begebenen anderen Schecks ausreicht, nicht zustand (§21 Abs. 1 Ziff. 1) oder wenn er nach Begebung des Schecks über das Guthaben in der Absicht verfügt hat, die Einlösung zu vereiteln. (§ 21 Abs. 1 Ziff. 2).

Nach meiner Ansicht wird die Ziff. 2 unter allen Umständen gestrichen werden müssen. Sie ist (abgesehen von den unten gegen die Ziff. 1 anzugebenden grundsätzlichen Einwendungen) praktisch nicht durchführbar, weil es schwer möglich, meist wohl ganz unmöglich sein wird, die Vereitelungsabsicht festzustellen; sie ist unrichtig, weil der Scheckaussteller in der Regel mit dem Bezogenen noch in anderweiter Geschäftsverbindung als in blosser Scheckverbindung, stehen wird, und er für die Zwecke dieser Geschäftsverbindung das ihm bei dem Bezogenen zustehende Guthaben zu verbrauchen genötigt ist, ohne dass der Bezogene hiergegen begründete Einwendungen wird erheben können, wenn im Gesetz nicht etwa die Cansteinsche Zessionstheorie ausdrückliche Anerkennung finden sollte. Die Ziff. 2 ist schliesslich (mindestens in vielen Fällen) entbehrlich, weil eine Schadensersatzverpflichtung des Ausstellers (gemäss Abs. 1), wenn sie überhaupt substantiiert werden kann, sich in einer Reihe von Fällen wohl auch schon auf Grund des § 826 B.G.B. durchführen liesse, und weil überdies, wenigstens dem ersten Schecknehmer gegenüber, vielleicht aber auch gegenüber den folgenden Schecknehmern in den Fällen der Ziff. 2 der Tatbestand des Betruges nach § 263 Str.G.B. und damit eine Schadensersatzpflicht aus § 823 Abs. 2 B.G.B. gegeben sein dürfte, falls die Vereitelungsabsicht schon bei der Scheckbebegebung bestanden hat.

Was die Ziff. 1 angeht, so wird sie derjenige, der grundsätzlich davon ausgeht, dass das Scheckgesetz nicht dazu da ist, auch die unterliegenden Rechtsverhältnisse zu regeln, schon aus diesem Grunde abzulehnen geneigt sein, zumal es sich hier um Rechtsverhältnisse recht komplizierter Art handeln kann. Diesem Standpunkt gegenüber lässt sich die Ziff. 1 m. E. wiederum nur dadurch halten, dass man etwa auch hier den Gesichtspunkt höher stellt, es werde sich der Aussteller mit Rücksicht auf die drohende Ersatzklage hüten, Schecks zu begeben, wenn er zur Zeit der Begebung ein ausreichendes Guthaben bei dem Bezogenen nicht besitzt, und es werde daher auch durch eine solche Bestimmung der Scheck in seinen Wirkungen der Barzahlung angenähert. Es wird abzuwarten sein, ob die beteiligten Kreise diesen Gesichtspunkt wirklich so hoch einschätzen[21a]), dass sie demgegenüber ihre prinzipiellen Bedenken, namentlich gegen die Unübersehbarkeit der eventuellen Ersatzpflicht des Ausstellers, zurücktreten lassen.

Geschieht dies aber auch, was ich einstweilen nicht glaube, und verbleibt es alsdann bei der Vorschrift der Ziff. 1, so wird doch jedenfalls ihre Fassung geändert werden müssen. Zur Rechtfertigung des Scheckausstellers muss es genügen, dass er zur Zeit der Begebung des Schecks Grund hatte, anzunehmen, dass ihm zur Zeit der Vorlegung des Schecks ein zu dessen Einlösung durch den

---

21a) Dies ist nach den inzwischen eingegangenen und sonst bekannt gewordenen Aeusserungen der Verkehrskreise nicht der Fall.

Bezogenen ausreichendes Guthaben bei letzterem zustehen werde, z. B. wenn er zur Zeit der Begebung annehmen durfte, dass Anweisungen, Wechsel usw. zu seinen Gunsten in ausreichender Höhe bei dem Bezogenen bis zur Vorlegung des Schecks eingehen würden. Es kann deshalb nicht zugegeben werden, dass der Aussteller schon dann ersatzpflichtig sein solle, wenn er zur Zeit der Begebung des Schecks wusste oder ohne grobes Verschulden wissen musste, dass ihm zu dieser Zeit ein ausreichendes Guthaben bei dem Bezogenen nicht zustehe.

Was den Bereicherungsanspruch aus § 20 des Entwurfs betrifft, so sei hier nur bemerkt, dass eine Bereicherung des Ausstellers, wenigstens nach der herrschenden Auslegung des Art. 83 W.O. (vgl. Staub-Stranz, Anm. 9 zu Art. 83 und dort Zitierte), nur dann vorliegt, wenn der Aussteller für den Scheck einen Gegenwert erhalten hat, um den er (zufolge der Nichteinlösung des Schecks und des Wegfalls seiner Regresspflicht) mit dem Schaden des Scheckinhabers bereichert erscheint, z. B. wenn er den Scheck dem Inhaber oder dessen Vormann für käuflich empfangene Waren an Zahlungsstatt ausgehändigt hatte. Die Präsumtion des § 20 Abs. 2, wonach der Aussteller in Höhe des Scheckbetrages als bereichert gilt, wenn er nicht das Gegenteil beweist, wird ungeachtet der auch hier zum Ausdruck gelangenden und an sich zu begrüssenden Absicht, den Scheck in seinen Wirkungen tunlichst der Barzahlung anzunähern, zu streichen sein. Denn der Scheckinhaber hätte wenig Interesse daran, die Präsentationsfrist einzuhalten, wenn er auch nach deren Ablauf diese durch jene Präsumtion ihm so überaus bequem gemachte und, sofern sie bestehen bleibt, wohl auch im Urkunden- (wenn auch nicht im Wechsel-) Prozess durchführbare Bereicherungsklage gegen den Aussteller erheben kann.

2. Hinsichtlich der Einschränkung der sogenannten passiven Scheckfähigkeit, welche der

jetzige Entwurf (im Gegensatz zu dem § 1 Ziff. 2 des Entwurfs I und zu den Scheckgesetzen von Frankreich, Belgien, der Schweiz, Rumänien und Spanien, aber in Uebereinstimmung mit England[22]) und Nordamerika) im § 2 festgesetzt hat, pflichte ich, hier leider im Gegensatz zu den Ausführungen von Georg Cohn[23]), dem ich selbst früher zustimmte, dem Standpunkt des Entwurfs II bei.

Zunächst ist festzustellen, dass bereits der heutige Scheck, soweit er, wie dies doch die Regel ist, die Stempelfreiheit in Anspruch nimmt, nach § 24 Abs. 2 Ziff. 1 des Wechselstempelsteuergesetzes vom 10. Juni 1869 lediglich auf Banken und Geldinstitute gezogen werden kann. Es müsste also derjenige, der diesen bestehenden Zustand zugunsten unbedingter Scheckfähigkeit aller Personen und Firmen ändern will, seinerseits beweisen, dass durch den bestehenden Zustand Missstände entstanden sind, die behoben werden müssen; dass dies der Fall sei, ist aber nicht bewiesen worden, kann auch schwerlich bewiesen werden[24]).

Für den Standpunkt des Entwurfs II spricht aber auch die Tatsache, dass jene Einschränkung der passiven Scheckfähigkeit mindestens eine gewisse Gewähr dafür bietet, dass der Scheckverkehr seinen Zweck, die Ersparung von baren Umlaufsmitteln, tunlichst erfüllen wird, da die Bankiers und Geldinstitute, wenigstens im grossen Umfange, am Giro- und Abrechnungsverkehr teilzunehmen pflegen, was in der Folge immer mehr um sich greifen wird.

Ich bleibe auch bei dem, was ich in meinem Vor-

---

[22]) Vgl. Sect 73 des hier noch schärfer, als dies der Entwurf tut, gefassten Bills of Exchange Act 1882 (drawn on a banker).

[23]) Georg Cohn, in der Zeitschrift für vergleichende Rechtswissenschaft (Wien 20/II 1896 Bd. XI S. 32 ff.) und besonders ausführlich im Handelsmuseum, Wien, 20. II. 1896, Bd. XI Nr. 8 S. 91 u. 92.

[24]) Vgl. Hammerschlag: Gesetz vom 3. April 1906, in der Zeitschrift für Volkswirtschaft, Sozialpolitik und Verwaltung, Bd. 15 S. 387.

trage in Dresden am 27. Mai dieses Jahres ausführte, dass nur dann, wenn zwischen den im Besitz verfügbaren Geldes befindlichen Kaufmann und den kreditbedürftigen Dritten der Bankier tritt, diese Summe, die dann zur Einlage bei der Vermittlungsstelle wird, auch ihrerseits die grosse Aufgabe wirksam erfüllen kann, welche der Handelsverkehr im allgemeinen anstrebt, ein Maximum von Umsätzen mittels eines möglichst minimalen Aufwands von Raum, Arbeit und Spesen zu bewirken, weil alsdann die „Einlage“ mehrfache Wirtschaftsaufgaben zu gleicher Zeit zu erfüllen vermag[25]).

Auch wird in den Händen der den Geld- und Kredit-Verkehr vermittelnden Banken und Bankiers die Konzentration einer grossen Anzahl kleiner Einlagen zu einer weit grösseren Macht, als die letzteren in den Händen der Einleger selbst oder an andern Stellen sie darstellen könnten.

Wenn ich deshalb grundsätzlich auf dem Standpunkte des Entwurfs stehe, kann ich doch auch hier wieder die Fassung nicht gut heissen.

a) Es ist zunächst unklar, was der Entwurf mit den Worten hat sagen wollen: „als Bezogene dürfen bezeichnet werden“.

Zweifellos ist nur, dass er damit andere, als die in Ziffer 1 und 2 bezeichneten Anstalten, Gesellschaften und Firmen, von dem Recht, als Bezogene eines Schecks zu figurieren, hat ausschliessen wollen, zweifelhaft aber, was nach der Absicht des Entwurfs eintreten soll, wenn dem Verbot zuwider dennoch andere Personen als Bezogene bezeichnet sind.

Legt man den Sprachgebrauch des B.G.B. zu Grunde, der allerdings leider in der bisherigen Fassung des Entwurfs nicht überall beachtet ist, so ist festzustellen, dass

---

[25]) Näheres auf S. 40 jenes Vortrages im Heft IV der Veröffentlichungen des Mitteleuropäischen Wirtschaftsvereins in Deutschland.

der negative Ausdruck „darf nicht“ (im Gegensatz zu: „kann nicht“) dort in dem Sinne gebraucht wird, dass im Falle der Verletzung des Verbots nicht etwa Unwirksamkeit (Nichtigkeit) eintritt[26]).

Dafür, dass dies auch hier gelten muss, spricht die Tatsache, dass die Einschränkung der sogenannten passiven Scheckfähigkeit mit dem Ausdruck: „als Bezogene dürfen bezeichnet werden“ eine besondere Stelle im § 2 gefunden hat, also nicht zum wesentlichen Inhalt des Schecks gehört, der im § 1 mit den Worten bezeichnet ist: „der Scheck muss enthalten“.

Hiernach würde, wenn der Scheck auf einen nicht kraft § 2 passiv Scheckfähigen gezogen ist, nur die Folge eintreten, dass alsdann gemäss § 28 die für gewöhnliche Anweisungen geltende Wechselstempelsteuer zu entrichten ist, vorausgesetzt, dass der Entwurf klipp und klar zum Ausdruck bringt, dass der Scheck im Zweifel eine Anweisung ist.

Natürlich müssen aber diese Zweifel durch eine bessere Fassung des § 2 behoben werden („sollen nur“ statt dürfen).

b) Nimmt man aber an, dass ein Scheck, der auf andere als die im § 2 Ziff. 1 und 2 bezeichneten Bezogenen ausgestellt ist, zwar nicht als solcher ungültig (nach dem Sprachgebrauch des B.G.B. unwirksam) ist, zumal dies vom Entwurf nicht, wie in anderen Fällen (vergl. § 2 Abs. 2 und § 6 Satz 2) ausdrücklich ausgesprochen ist, dass er aber alsdann als Anweisung dem Wechselstempel unterliegt, so würde dies unter Umständen eine ungemein grosse Härte bedeuten.

Denn der Begriff der Banken und Bankiers, also

---

[26]) Vgl. Planck: Bürgerliches Gesetzbuch, 3. Auflage, Bd I. S 27, 28; dies die Antwort auf die Frage im Artikel „Scheckgesetzentwurf“ von Fritz Lennert, Kaiserlicher Bankvorstand (Berliner Tageblatt Nr. 386. 2. Beiblatt (1. August 1907 zu § 2).

derjenigen „in das Handelsregister eingetragenen Firmen, welche gewerbsmässig Bankiergeschäfte betreiben", ist durchaus kein feststehender[27]. Insbesondere kann es zweifelhaft erscheinen, ob diejenigen Firmen, welche bloss nebenher oder nur zur Unterstützung oder Erleichterung ihres sonst auf andere Geschäfte gerichteten Hauptbetriebes Bankiergeschäfte gewerbsmässig betreiben, als Bankiers im Sinne des § 2 des Entwurfs anzusehen wären. Nach § 15 des Wechselstempelsteuergesetzes wird aber die blosse Tatsache der nicht ordnungsmässigen Stempelung des Wechsels oder der Anweisung (der „Nichterfüllung der Verpflichtung zur Entrichtung der Stempelabgabe") als „Stempelhinterziehung" mit einer Geldbusse, welche dem 50fachen Betrage der hinterzogenen Abgabe gleichkommt, bestraft[28], so dass der Mangel der widerrechtlichen Absicht, also auch ein Irrtum, und selbst ein entschuldbarer Irrtum, von der Strafe nicht befreien kann[29].

Ein dem § 71 Abs. 2 des Reichsstempelgesetzes vom 3. Juni 1906 entsprechender Zusatz, wonach nur eine Ordnungsstrafe bis zu 150 M. eintritt, „wenn sich aus den Umständen ergibt, dass eine Steuerhinterziehung nicht hat verübt werden können oder nicht beabsichtigt worden ist", fehlt im Wechselstempelsteuergesetz.

Aus diesen beiden Tatsachen ginge zunächst die Notwendigkeit hervor, den Begriff des Bankiers, der im § 1 Abs. 2 Ziff. 4 des H.G.B. auch nicht definiert ist, näher zu fassen.

Hierfür würden sich zwei Wege bieten:

Man könnte ausdrücklich bestimmen, dass diejenigen, welche Bankiergeschäfte nur nebenher oder nur zur

---

[27]) Vgl. u. a. Bank-Archiv I S. 51 und S. 83—85, II S. 124—126 und S. 176, 177, VI S. 159 und S. 289.

[28]) Vgl. jedoch § 18 des Wechselstempelsteuergesetzes.

[29]) Vgl. R.G.St.S. v. 20. November 1882, Bd. 7, S. 240.

Unterstützung oder Erleichterung ihres sonst auf andere Geschäfte gerichteten Hauptbetriebes abschliessen (z. B. ein Warenhaus, welches eine Depositenabteilung einrichtet), nicht als solche anzusehen sind, welche im Sinne des § 2 Ziffer 2 des Entwurfs gewerbsmässig Bankiergeschäfte betreiben. Diesen Weg wird man aber wohl schon deshalb nicht beschreiten, weil die Frage, ob und wann jene Voraussetzungen vorliegen, sehr schwer zu beantworten ist, und weil ein Bankbetrieb, der ursprünglich nur nebenher oder nur zur Erleichterung des anderweiten Hauptbetriebes (also nur für die Kunden des letzteren) eingerichtet war, hinterher absichtlich oder in der naturgemässen Entwickelung der Dinge selbständig und für jedermann betrieben werden kann, so dass alsdann der Kaufmann zwei Betriebe hat, die vielleicht ganz unabhängig von einander betrieben und geleitet werden.

Oder man könnte, in der Meinung, damit jedem Streit ein Ende zu machen, nach dem Vorbilde des (allerdings nicht in das Gesetz übergegangenen) § 1 Ziffer 2 des österreichischen Scheckgesetzentwurfs „alle anderen Firmen und Personen, die gewerbsmässig Bankier- und Geldwechslergeschäfte betreiben, falls sie zugleich in ein bei der Handels- und Gewerbekammer zu führendes öffentliches Register eingetragen sind," als Bezogene zulassen.

Dieser Vorschlag würde von der Tatsache ausgehen, dass in das Handelsregister, wie dies auch bei uns der Fall ist, die Branche nicht eingetragen wird, dass also nicht der Bankier als solcher, sondern nur der Kaufmann, also derjenige, der gewerbsmässig Handelsgeschäfte betreibt, eingetragen wird, und würde fordern, dass für diesen speziellen Fall eine Eintragung auch der Branche stattfinde, welche der österreichische Entwurf nicht dem Registerrichter, sondern der Handels- und Gewerbekammer hatte übertragen wollen[30]. Auch diesen

[30]) Bei uns müsste man dann diesen (schwerlich richtigen) Ge-

Weg[31]) wird man indessen kaum einschlagen können, wie er ja auch in Oesterreich im Laufe der Verhandlungen wieder verlassen worden ist.

Mit Recht hatte Georg Cohn schon früher[32]) gegen diesen Gedanken geltend gemacht, dass gerade durch eine solche Registrierung der Schecknehmer beunruhigt werde. „Er weiss wohl, denn er sieht es, dass der Bezogene ein Wechselgeschäft hat. Aber ob er eingetragen und besonders, ob er noch eingetragen ist, das sieht er nicht, dazu bedürfte es eines Ganges zum Register, zu dem er sich vielleicht gerade nicht gemüssigt fühlt. Und wenn ihm nun gar ein Scheck auf eine entlegene Provinzialstadt eingesandt wird, wie soll er sich schnell darüber vergewissern, ob der Bezogene dort noch eingetragen steht?"

Hinzu kommen alle die schwierigen Fragen, ob bei einer Aenderung der Firma auch die Löschung des Vermerkes zu erfolgen hat; wie es zu halten ist, wenn der Vermerk gelöscht, aber von neuem wieder eingetragen ist etc. etc.

Diese Wege dürften also sämtlich nicht gangbar sein.

Ein anderer Weg wäre, zu § 28 des Entwurfs, wonach nur diejenigen Schecks stempelfrei sind, welche den Anforderungen der §§ 1, 2, 3, 6 und 24 entsprechen, einen dem oben angedeuteten § 71 Abs. 2 des Reichs-

---

danken etwa dahin fassen: „Diejenigen in das Handelsregister eingetragenen Firmen, welche gewerbsmässig Bankiergeschäfte betreiben, und zu deren Eintragung auf deren Antrag, dem der Registerrichter stattzugeben hat, ein Vermerk über den Betrieb dieses Geschäftszweigs hinzugefügt ist. Der Vermerk kann auf Antrag gelöscht werden, wenn glaubhaft gemacht wird, dass ein gewerbsmässiger Betrieb von Bankiergeschäften nicht mehr stattfindet".

[31]) Fritz Lennert schlägt a. a. O. zu § 2 in der Tat vor, „ein Register der (passiv) scheckfähigen Firmen und Institute" einzurichten, welches jeder Interessent auf dem Gerichte einsehen könnte.

[32]) Im Handelsmuseum Bd. 11, Nr. 8 (20. Februar 1896).

stempelgesetzes vom 3. Juni 1906 entsprechenden Zusatz zu machen, wonach nur eine Ordnungsstrafe bis zu 150 M. eintreten kann, sofern eine Steuerhinterziehung nicht beabsichtigt worden ist.

Dieser Zusatz ist erforderlich, weil es undenkbar ist, jemanden wegen Stempelsteuerhinterziehung zu bestrafen, der irrig den Bezogenen für einen Bankier gehalten hat, während er es nach der gerade massgebenden Rechtsprechung nicht ist.

Wenn im Wechselstempelsteuergesetz eine derartige Bestimmung fehlt, so kann dies umsoweniger einen Grund abgeben, sie nicht in das Scheckgesetz aufzunehmen, weil die Wechselordnung, bei der ein solcher Zusatz übrigens auch wünschenswert wäre, derartige Vorschriften, wie sie der § 2 des Scheckgesetzentwurfs gibt, nicht kennt.

Im § 28 würde auch das Vordatieren des Schecks zu erwähnen sein. Wer einen Scheck vorsätzlich um 4 Wochen vordatiert, um den Vorteil zu geniessen, dass nun die Vorlegungsfrist erst von dem 4 Wochen späteren Tage ab läuft, begeht damit eine klare Wechselstempelhinterziehung.

Liegt dagegen nur ein Irrtum, ein Verschreiben vor, wie es ja ungemein leicht passieren kann (man schreibt statt 8. VII. irrtümlich 8. VIII. oder statt 8. September irrtümlich 18. September), so ist auch hier jener Zusatz, wie er auch im Reichsstempelgesetz für richtig gehalten worden ist, unentbehrlich.

Der Entwurf enthält hinsichtlich der Vordatierung des Schecks keinerlei Vorschrift; es ist vielmehr nach der jetzigen Fassung des § 1 Ziff. 5 in Verbindung mit § 28 nicht zweifelhaft, dass es auch für den Scheck wie für den Wechsel (vgl. Staub-Stranz W. O. Anm. 38 zu art. 4) ausreichend sein soll, wenn er nur irgend einen Ausstellungstag bezeichnet, mag es auch ein falscher oder absichtlich vordatierter sein. Wollte man mit Rücksicht darauf, dass der Ausstellungstag bei dem Scheck eine viel wichtigere Rolle spielt, als beim Wechsel, dies im § 1 Ziff. 5 dadurch zum Ausdruck bringen, dass man die Angabe des richtigen Ausstellungs-Tages und -Jahres vorschreibt, so wäre im Falle vorsätzlicher Vordatierung nicht nur eine Wechselstempelhinterziehung vorhanden, sondern es wäre auch der Scheck als solcher unwirksam, was den gutgläubigen Erwerber eines solchen Schecks zu Unrecht schädigen würde. Man müsste daher, wenn man trotzdem, was ich nicht empfehlen würde, diesen Weg gehen will, eine derartige Schädigung unmöglich machen, also nur denjenigen wegen Wechselstempelhinterziehung strafen, der in Kenntnis der Vordatierung am Scheckumlauf teilgenommen hat, oder man müsste, wenn man die jetzige Ziff. 5 des § 1 bestehen lassen will, die Vordatierung des Schecks als solche etwa dadurch erschweren, dass man vordatierte Schecks für stempelpflichtig erklärt. Letzterenfalls wäre aber gleichfalls ein Zusatz des letztbezeich- Inhalts notwendig.

III.

Soweit Bedenken gegen einzelne Bestimmungen des Entwurfs nicht schon in meinem letzten Artikel[33]) erhoben wurden, sind solche in dem von mir für den Mitteleuropäischen Wirtschaftsverein in Deutschland ausgearbeiteten Fragebogen, auf den ich daher wohl im allgemeinen verweisen darf, zur Sprache gekommen.

In dem jetzigen Stadium der Sache ist es vor allem wichtig, darauf hinzuarbeiten, dass der deutsche Entwurf, wo immer es angängig ist, eine Uebereinstimmung anstrebt einerseits mit dem österreichischen Scheckgesetz vom 3. April 1906, welches in sehr vielen Richtungen auf dem Boden unseres deutschen Entwurfs von 1892

[33]) Artikel II (vgl. Bank-Archiv vom 15. August 1907).

steht, und andererseits mit dem jetzt dem ungarischen Parlament vorliegenden ungarischen Scheckgesetzentwurf von 1907. Handelt es sich doch hier um die Scheckgesetzgebung in Staaten, die nicht, wie England und Frankreich, gerade in den wesentlichsten Scheck-Fragen von prinzipiell abweichenden, sondern von im wesentlichen gleichen Grundanschauungen ausgehen.

Gelänge es daraufhin, eine Uebereinstimmung der wesentlichsten scheckgesetzlichen Vorschriften in Oesterreich, Ungarn und Deutschland herbeizuführen, so wäre ein einheitliches Scheckrecht für ein über 100 Millionen Menschen umfassendes Gebiet in die Wege geleitet und so, wie dies in diesen Fragen allein richtig ist, zunächst für ein begrenztes Gebiet, auf dem günstige Vorbedingungen vorhanden sind, die erste Etappe eines internationalen Scheckrechts geschaffen. Dieser Etappe könnten sich dann weitere Schritte, auch gegenüber anderen Staaten auf dem Gebiete des Scheck- und Wechselrechts, und vielleicht auch auf dem Gebiete des Rechts der Inhaberpapiere und anderer Wertpapiere, anschliessen und sie werden sich anschliessen, wenn man überhastete Schritte vermeidet, aber günstige Gelegenheiten und Vorbedingungen nicht unbenutzt vorübergehen lässt.

In der letzten Zeit, am 8. und 9. November 1907, hat eine in Budapest abgehaltene Konferenz der mitteleuropäischen Wirtschaftsvereine aus Ungarn, Oesterreich und Deutschland, welcher der Unterzeichnete beiwohnte, von diesen Gesichtspunkten ausgehend, den interessanten und, wie ich glaube, nicht vergeblichen Versuch gemacht, den ungarischen und deutschen Scheckgesetzentwurf daraufhin zu prüfen, ob und inwieweit sie mit dem zunächst als festen Punkt zu betrachtenden österreichischen Gesetz vom 3. April 1906 in Uebereinstimmung stehen oder jetzt noch in Uebereinstimmung gebracht werden können.

Diese — in folgendem mit kritischen Erörterungen zu wiederholende — Prüfung, die mir zugleich den erwünschten Anlass geben wird, einige Fragen zu besprechen, die ich in meinem letzten Artikel (II) noch nicht erörtert habe, führte zu folgendem (dem Fragebogen und der Denkschrift des Mitteleuropäischen Wirtschaftsvereins fast durchweg entsprechenden) Ergebnis:

A. Uebereinstimmung herrscht:

1. Hinsichtlich der Arten des Schecks; Oesterreich, Ungarn und Deutschland kennen den auf eine bestimmte Person ausgestellten Namen-Scheck, den Ordre-Scheck, den Inhaber-Scheck (und zwar mit der reinen oder der alternativen Inhaber-Klausel: Herrn X. oder Ueberbringer)[33a]) und den zu Gunsten des Ausstellers selbst ausgestellten Scheck (§ 5 Deutschl.; § 3 Abs. 2 Oesterr. und § 2 Abs. 2 Ung.).

2. Hinsichtlich der Beschränkung der passiven Scheckfähigkeit auf — um es kurz auszudrücken — Banken und Bankiers.

3. Hinsichtlich des wesentlichen Inhalts des Schecks in folgenden Beziehungen:

a) dass der Scheck die Scheckklausel (das Wort: Scheck) ausdrücklich enthalten müsse;
b) dass er eine Aufforderung (Anweisung) an den Bezogenen enthalten müsse, die Zahlung zu leisten;
c) dass er die Unterschrift des Ausstellers und die Angabe des Ortes, des Monatstages und des Jahres der Ausstellung enthalten müsse.

4. Hinsichtlich der Tatsache, dass der Scheck stets bei Sicht zahlbar ist, ohne dass jedoch dieses Erfordernis aus dem Scheck selbst hervorgehen muss.

[33a]) Oesterr. und Ung. kennen auch, da sie die Bezeichnung des Zahlungsempfängers nicht als wesentliches Scheck-Erfordernis aufstellen, einen Inhaber-Scheck, der dadurch entsteht, dass der Scheck keine Angabe darüber enthält, an wen er gezahlt werden soll (§ 3 Abs. 3 Oesterr. und § 2 Abs. 2 Ung.).

5. Hinsichtlich des Verbots des Akzepts des Schecks, mit der Massgabe, dass ein dennoch auf den Scheck gesetzter Annahmevermerk als nicht geschrieben gelten soll, und hinsichtlich der Nichtgewährung skripturrechtlicher Wirkungen[34]) des dem amerikanischen Rechte bekannten, aber im österreichischen Gesetz und in den Entwürfen von Deutschland und Ungarn nicht normierten Certifying von Schecks, welches mindestens in seiner Wirkung einer Annahmeerklärung gleich oder doch sehr nahe kommen würde.

6. Hinsichtlich der Zulassung des Ausschlusses der Barzahlung durch den Vermerk „Nur zur Verrechnung" (Verrechnung-Schecks), während die gesetzliche Anerkennung des englischen general und special crossing, in Uebereinstimmung mit der bisherigen Uebung,

[34]) Natürlich kann und wird sich der Verkehr in anderer Weise helfen, etwa im Korrespondenzwege durch Nachfrage des Scheckinhabers bei dem Bezogenen und durch dessen Antwort. Durch die letztere, selbst wenn sie mittels eines Vermerks auf dem Scheck selbst ihren Ausdruck erhielte, würden aber skripturrechtliche Folgen derzeit nicht erzielt werden. Auch gäbe eine solche Antwort oder ein solcher Vermerk ohne ausdrückliche anderweite gesetzliche Vorschrift nur die Gewissheit, dass zur Zeit der Antwort oder des Vermerks ein ausreichendes Guthaben vorhanden war, nicht aber auch die Sicherheit, dass es, worauf es ankommt, auch noch bei der Präsentation vorhanden sein werde. Die Antwort oder der Vermerk bewirkt also derzeit keine Sperrung des Guthabens bis zum Präsentationstage. Wollte man dem certifying eine skripturrechtliche Wirkung gesetzlich beilegen, so müssten, wie aus Vorstehendem ersichtlich ist, recht umfangreiche Vorschriften erlassen werden. Gegen solche Vorschriften. so sehr sie ohne Zweifel zur Erweiterung und zur Sicherung des Scheckverkehrs beitragen würden, liessen sich aber freilich nicht nur stempelrechtliche Bedenken anführen, da dann möglicherweise ein Zahlungsversprechen des Bezogenen vorliegen würde, sondern auch wirtschaftspolitische, da dann der Scheck, mag er auch nicht auf bestimmte runde Summen lauten müssen, in seinen Wirkungen der Banknote sehr angenähert werden würde, deren Ausstellbarkeit aus bekannten Gründen mit Recht sowohl in Deutschland wie in den meisten anderen Staaten von besonderen Vorbedingungen abhängig gemacht ist.

vorläufig noch nicht erfolgt ist; auch hier kann wohl ohne Bedenken die weitere Entwickelung des Scheckverkehrs noch abgewartet werden.

7. Hinsichtlich des wechselmässigen (Sprung-) Regresses gegen den Aussteller und die etwaigen Indossanten des Schecks.

8. Hinsichtlich der Verjährung dieses Regressanspruchs. Sie tritt gegenüber dem Aussteller und den übrigen Vormännern, wenn der Scheck in Europa zahlbar ist, in drei Monaten, andernfalls in sechs Monaten ein.

9. Hinsichtlich der Unwirksamkeit von Indossamenten auf Scheckkopien (Abschriften).

10. Hinsichtlich der Wirkung eines Widerrufs des Schecks seitens des Ausstellers gegenüber dem Bezogenen erst nach Ablauf der Präsentationsfrist.

Ein Widerruf des Ausstellers vor Ablauf der Präsentationsfrist wird also weder von Deutschland' noch von Ungarn und Oesterreich anerkannt, von letzteren beiden Staaten nur in einem Spezialfalle, der aber einer besonderen gesetzlichen Regelung vielleicht überhaupt nicht, jedenfalls aber nicht in Deutschland bedarf. (Oesterreich § 13 Ziffer 1, Ungarn § 14 Ziffer 2.)

11. Hinsichtlich des Einflusses des Todes und des Eintritts der Geschäftsunfähigkeit des Ausstellers. Es wird übereinstimmend entweder ausdrücklich gesagt oder doch davon ausgegangen, dass diese beiden Tatsachen auf Recht und Pflicht des Bezogenen zur Einlösung des Scheeks ohne Einfluss sein sollen.

B. Dagegen bestehen im wesentlichen nachstehende Verschiedenheiten:

1. Deutschland und Oesterreich verlangen, dass der Scheck die an den Bezogenen gerichtete Aufforderung des Ausstellers enthalten müsse, aus seinem Guthaben eine bestimmte Geldsumme zu zahlen, um durch dieses wesentliche Erfordernis den Aussteller darauf aufmerksam

zu machen, dass er ohne Guthaben keinen Scheck ziehen dürfe. (Guthabenklausel.)

Der ungarische Entwurf (§ 1) verlangt diese Guthabenklausel nicht.

Angesichts des wirtschaftlichen Vorteils dieser als eine Art Warnungszeichen für den Aussteller anzusehenden Klausel, in welcher sich die wesentlichste Grundlage des gesamten Scheckverkehrs verkörpert, darf wohl angenommen werden, dass man in Ungarn dem Standpunkte der beiden anderen Länder beitreten wird. Dagegen wird es nicht erforderlich sein, mit dem österreichischen Gesetze (§ 2 Ziff. 5) u. dem ungar. Entwurf (§ 1 Abs. 1 Ziff. 3) — bei Meidung der Ungültigkeit des Schecks — die Notwendigkeit der abstrakten Zahlungsaufforderung zu betonen, also zu bestimmen, dass „in der Aufforderung die Zahlung weder von einer Gegenleistung des Zahlungsempfängers, noch von einer Bedingung abhängig gemacht sein“ dürfe; dem Scheckinhaber darf eine Prüfung solcher Klauseln nicht zugemutet werden. Uebrigens würde ein nicht abstrakter, also ein derart bedingter Scheck mit dem Begriff und der Aufgabe des Schecks, als Kassapapier zu dienen, in Widerspruch stehen und deshalb wohl meist vom Empfänger des Schecks zurückgewiesen werden. Der deutsche Entwurf verzichtet daher mit Recht auf einen solchen Zusatz im Gesetze selbst, da er den gutgläubigen Scheckverkehr hindern und die nichtigen Schecks vermehren würde.

2. Deutschland verlangt unter den wesentlichen Erfordernissen des Schecks die Bezeichnung des Zahlungsempfängers (Remittenten) in § 1 Ziffer 3 seines Entwurfes, während Oesterreich und Ungarn davon Abstand genommen und bestimmt haben, dass ein Scheck, der keine Angabe darüber enthält, an wen er gezahlt werden soll, dem Inhaber (Ueberbringer) zu zahlen ist (Oesterreich § 3 Abs. 3, Ungarn § 2 Abs. 3).

Der deutsche Entwurf wird hier seinen Standpunkt

zu Gunsten des österreichischen und ungarischen, der auch in Deutschland bestehenden Uebung entsprechend, aufzugeben haben, zumal ein lebhaftes Interesse besteht, die wesentlichen Erfordernisse eines Schecks zu verringern, um dem Verkehr tunlichst nichtige Schecks fernzuhalten.

3. Deutschland lässt es (vielleicht mit Rücksicht auf den § 140 B.G.B., der aber durchaus nicht zweifellos und nicht bestimmt genug ist) im Unklaren, was aus dem Scheck werden soll, wenn die wesentlichen Formerfordernisse nicht erfüllt sind.

Dagegen bestimmt Oesterreich im § 2 Absatz 2 (und dem entspricht § 1 Absatz 2 des ungarischen Entwurfes), dass aus einer Schrift, der eines der wesentlichen Formerfordernisse fehlt, und den auf eine solche Schrift gesetzten Indossamenten keine Verbindlichkeit im Sinne des Scheckgesetzes entstehen soll, dass also alsdann der Scheck als eine Urkunde über dasjenige Rechtsgeschäft anzusehen ist, dessen Erfordernissen sie ihrem übrigen Inhalte nach entspricht.

Auch hier wird man sich auf den österreichischen und ungarischen Standpunkt zu stellen haben, ohne jedoch, wie dies das österreichische Gesetz (§ 1 Abs. 1 Ziff. 2 in Verbindung mit § 2 Abs. 2), und der ungarische Entwurf a. a. O. tun, auch denjenigen Scheck, der eine Zahlungsaufforderung an einen nicht scheckfähigen Bezogenen enthält, in gleicher Weise zu behandeln.

Vielmehr ist die Vorschrift, dass Schecks nur auf Banken und Bankiers gezogen werden dürfen, nur als eine instruktionelle zu fassen, was auch der § 2 des deutschen Entwurfes, wenngleich in unklarer Fassung, zweifellos gewollt hat.

Es wäre daher der § 2 des deutschen Entwurfs besser zu formulieren (also etwa: als Bezogene sollen bezeichnet werden, statt: dürfen [nur] bezeichnet werden), und es wäre auch die Bestimmung des § 1 Abs. 1 Ziffer 2 des ungarischen Entwurfs über die Beschränkung der passiven Scheckfähigkeit auf Banken und Bankiers aus diesem letzteren Paragraphen, der die wesentlichen Formerfordernisse des Schecks enthält, zu entfernen und in einem besonderen Paragraphen in instruktioneller Form zu wiederholen. Die Nichtbeachtung dieser instruktionellen Vorschrift würde dann nur Stempelfolgen nach sich ziehen.

4. Hinsichtlich des Zahlungsortes des Schecks verdient in einem wichtigen Punkte die — allerdings im übrigen nicht zu akzeptierende — Fassung des § 4 des österreichischen Gesetzes den Vorzug, in dem gesagt ist:

„Als Zahlungsort kann im Scheck nur ein Ort bezeichnet werden, an dem der Bezogene eine Handelsniederlassung (Filiale, Zweigniederlassung) hat oder an dem sich eine Abrechnungsstelle befindet, bei welcher der Bezogene vertreten ist.

Der Zahlungsort kann vom Ausstellungsorte verschieden sein.

Sofern kein Zahlungsort angegeben ist oder der angegebene Zahlungsort den Erfordernissen des Absatzes 1 nicht entspricht, gilt der Scheck an dem Orte zahlbar, wo die bezogene Anstalt ihren Sitz oder die bezogene Firma oder Person ihre Hauptniederlassung hat."

Es ist nämlich — was auch den Ansichten der Budapester Konferenz entspricht — der § 3 Absatz 2 des deutschen Entwurfes nicht zu billigen, wonach die Angabe eines anderen Zahlungsortes als des bei der Firma des Bezogenen angegebenen den Scheck als solchen ungültig machen soll. Damit werden ohne Not sämtliche domizilierten Schecks für nichtig erklärt, während überdies zweifelhaft sein kann, ob nicht im Falle des Bedürfnisses, welches insbesondere bei den Banken mit einer grossen

Anzahl von Filialen etc. besteht, mehrere Zahlstellen angegeben werden können, bei denen der Scheck vorlegbar und einlösbar ist, was ich allerdings auch schon nach der gegenwärtigen — zu verbessernden — Fassung annehme.

Gemäss dem Standpunkt des österreichischen und ungarischen Entwurfes würde also auch der deutsche Entwurf zu bestimmen haben, dass ein Domizilvermerk, d. h. die Angabe eines anderen Zahlungsorts als des beim Namen oder der Firma des Bezogenen angegebenen Orts, als nicht geschrieben gelte, oder (wie dies § 3 Absatz 2 des ungarischen Entwurfes ausdrückt) „unwirksam“ sei, dass also der Scheck immer an dem Orte zahlbar ist, der bei dem Namen oder der Firma des Bezogenen angegeben ist, und, falls ein solcher nicht angegeben ist, am Ausstellungsort[34a]).

5. Hinsichtlich der Zahlungszeit, die, wie wir oben sahen, Oesterreich, Ungarn und Deutschland übereinstimmend regeln (der Scheck ist bei Sicht zahlbar), verdient der § 5 des österreichischen Gesetzes und der § 4 des ungarischen Entwurfes, wonach diese Zahlungszeit (bei Sicht) auch dann eintreten soll, wenn der Scheck „eine andere oder keine Bestimmung über die Verfallzeit enthält“, den Vorzug vor dem § 6 des deutschen Entwurfes, wonach die Angabe einer anderen Zahlungszeit den Scheck als solchen ungültig machen soll. Auch hier muss neben der Rücksicht auf

---

[34a]) Der letztgedachte Teil der Fassung des § 3 Abs. 1 des deutschen Entwurfs, mit welchem im wesentlichen auch der § 3 Abs. 1 Ung. übereinstimmt, verdient — abweichend von der Ansicht der Budapester Konferenz — den Vorzug vor der Fassung des § 4 Oesterr., da es dem Scheckinhaber nicht zugemutet werden kann, über den Ort der Hauptniederlassung des Bezogenen Ermittelungen ausserhalb der Urkunde anzustellen.

tunlichste Rechtseinheit die Erwägung in den Vordergrund treten, dass man nicht ohne Not die Nichtigkeitsfälle von Schecks vermehren soll, was eine grosse Belästigung des gutgläubigen Scheckverkehrs bedeuten und daher zur „Popularisierung" des Schecks recht wenig beitragen würde. Dies entspricht auch der einstimmigen Meinung der Budapester Konferenz. Wenn etwa der deutsche Entwurf es für bedenklich gehalten hat, den Aussteller zu bevormunden, der ausweislich des Schecks eine Zahlung erst nach einem halben oder ganzen Jahr leisten wollte, so ist dies Bedenken nicht stichhaltig. Wer eine Zahlung nicht bei Sicht, sondern erst nach längerer Zeit leisten will, soll und wird zum Instrument einer solchen Absicht nicht gerade einen Scheck wählen. Dies umsoweniger, als der Scheck solchenfalls nach § 24 Abs. 2 Ziff. 1 des Wechselstempelsteuergesetzes seine Steuerfreiheit verlieren würde.

6. Der mit dem Wechselrecht übereinstimmende Standpunkt des § 7 Absatz 1 des deutschen Entwurfes, wonach der auf einen bestimmten Namen gestellte Scheck, auch ohne dass er die ausdrückliche Orderklausel enthält, durch Indossament übertragen werden kann, könnte zwar grundsätzlich vertreten werden gegenüber § 5 Absatz 1 des ungarischen Entwurfs und § 6 Absatz 1 des österreichischen Gesetzes, wonach der Scheck nur dann indossabel sein soll, wenn er ausdrücklich an Order lautet, er wird aber trotzdem im Interesse der Einheit des Rechts der drei Staaten und in Anlehnung an § 363 H.G.B. besser aufgegeben werden[35]).

In diesem Falle würde ein Bedürfnis, dem Aussteller

---

[35]) Es ist alsdann die Fassung des § 5 Abs. 1 Halbsatz 2 des ungar. Entwurfs (unter Streichung des § 14 Abs. 3 Deutschland)

gemäss § 7 Abs. 1 des deutschen Entwurfs die Ausschliessung der Indossabilität des Namenschecks durch die Worte: „Nicht an Order" zu gestatten, nicht mehr gegeben sein[36]).

7. Was das Indossament des Bezogenen und das Indossament an den Bezogenen angeht, so sollen sie beide nach § 7 Abs. 2 (Satz 2) des deutschen Entwurfes ungültig sein, während der § 6 Abs. 4 des österreichischen Gesetzes und § 5 Abs. 3 des ungarischen Entwurfes nur das Indossament des Bezogenen für ungültig erklärt, ein Indossament an den Bezogenen aber als Quittung gelten lässt. Auch hier dürfte der österreichische und ungarische Standpunkt vorzuziehen sein. Das Indossament an den Bezogenen bringt das Rechtsverhältnis, welches dem Scheck zu Grunde liegt, zur Erledigung, es ist daher folgerichtig, es als Quittung zu bezeichnen, aber es liegt kein Grund vor, es überhaupt nicht gelten zu lassen. Zu beanstanden ist die Fassung des § 6 Abs. 4 Oesterr.: „gilt als Quittung", weil hienach, was weder gewollt, noch richtig ist, ein Gegenbeweis zulässig wäre.

---

zu wählen: „Auf andere Schecks gesetzte Indossamente sind unwirksam". Denn die Fassung des § 6 des österr. Gesetzes, wonach nur der an Order lautende Scheck indossabel und eine entgegenstehende Vereinbarung unverbindlich ist, sagt etwas Selbstverständliches. Die ausdrückliche Ausstellung eines Schecks an Order verträgt denn doch nicht den gleichzeitigen Zusatz: nicht an Order.

36) Denn der Scheck des deutschen Entwurfs, der gesetzliches Orderpapier, also auch ohne ausdrückliche Orderklausel indossabel ist, würde durch die vom deutschen Entwurf zugelassene Klausel an Order lediglich dem österr. Scheck gleichgestellt, der keine Orderklausel enthält und deshalb nicht indossabel ist.

8. Was Scheck-Duplikate betrifft, so werden diese im deutschen Entwurf — im Gegensatz zu den Art. 66—69 der Wechselordnung — überhaupt nicht berücksichtigt. Derartige (indossierbare) Duplikate sind aber zum mindesten für den Auslandsverkehr, zum Schutz gegen die Gefahr der Versendung über See, dringend wünschenswert.

Hingegen wird man zweifelhaft sein können, ob die im deutschen Entwurf (§ 7 Abs. 2), im österreichischen Gesetz (§ 7) sowie im ungarischen Entwurf § 5 Abs. 3 ausdrücklich für scheckrechtlich unwirksam erklärten Indossamente auf Wechselkopien (Abschriften s. oben unter A. 9) nicht etwa trotzdem erforderlich oder wünschenswert, also zuzulassen sind, was von einigen Seiten vorgeschlagen ist.

9. Hinsichtlich des Konkurses des Ausstellers enthält der § 12 des österreichischen Gesetzes die Vorschrift, dass die Zahlung des Schecks ungeachtet eines dem Aussteller bei dem Bezogenen zustehenden Guthabens vom Bezogenen abzulehnen sei, wenn ihm bekannt geworden ist, dass über das Vermögen des Ausstellers der Konkurs eröffnet wurde. Damit stimmt der § 13 Abs. 2 des ungarischen Entwurfes im wesentlichen überein, mit dem — nach deutschem Konkursrecht kaum erforderlichen — Zusatze, dass jene Kenntnis des Bezogenen nach der im inländischen Amtsblatt erfolgten ersten Veröffentlichung des Konkurseröffnungsbescheids zu vermuten sei.

Im deutschen Entwurfe fehlt jede Vorschrift; nimmt man an, was kaum einem Zweifel unterliegen kann, dass die Begebung eines Schecks nicht, wie nach französischem Recht und den Wünschen von v. Canstein, eine Zession des Guthabens des Ausstellers beim Bezogenen darstellt, so würde wohl nach § 8 der deutschen Konkursordnung eine in Kenntnis der Konkurseröffnung über das Vermögen des Ausstellers erfolgte Scheckeinlösung der Masse gegenüber für unwirksam erklärt werden können. Da aber die Auslegung dieses § 8 nicht zweifellos ist, könnte sich vielleicht eine Uebernahme der österreichischen und ungarischen Vorschriften (abgesehen von der Rechtsvermutung des ungarischen Entwurfs) auch für Deutschland empfehlen, wie dies die Budapester Konferenz gewünscht hat. Geschieht dies aber nicht, so wird daraus voraussichtlich eine sachliche Verschiedenheit hinsichtlich der Beurteilung der Frage in den drei Staaten nicht entstehen.

Darüber, ob, wenn der Bezogene das Guthaben des Ausstellers zu dessen Konkursmasse abgeliefert hat, dem Scheckinhaber ein Aussonderungs- oder Absonderungs-Recht an diesem Guthaben gegenüber den übrigen Konkursgläubigern des Ausstellers zusteht, schweigt sowohl Oesterreich, wie Ungarn und Deutschland. Es wird aber infolge dieses Schweigens für alle drei Rechtsgebiete angenommen werden können, dass ein solches Aussonderungs- oder Absonderungs-Recht des Scheckinhabers nicht anerkannt wird, obwohl für Deutschland dies nicht mit absoluter Sicherheit aus den §§ 8, 12, 15, 17 und 118 der Konkursordnung zu folgern ist. Es kann aber auch ein solches Vorzugsrecht des Scheckinhabers, so sehr es dem Bestreben entspricht, den Scheck in seinen Wirkungen der Barzahlung möglichst anzunähern, um deswillen de lege ferenda nicht gebilligt werden, weil es nicht angängig erscheint, dem Scheckinhaber allein gegenüber anderen Gläubigern, welche auf anderem Wege, z. B. mittelst eines Darlehns oder Kontokorrent-Kredits, dem Aussteller gleichfalls bares Geld hingegeben haben, eine Ausnahmestellung einzuräumen.

10. Nach § 11 Abs. 1 des deutschen Entwurfs haftet der Bezogene jedem Scheckinhaber insoweit für die Einlösung des Schecks, als er dem Aussteller

gegenüber hierzu verpflichtet wäre, m. a. W. der Scheckinhaber soll die Rechte des Ausstellers gegenüber dem Bezogenen ausüben können. Das österreichische Gesetz und der ungarische Entwurf kennen eine derartige Klage des Inhabers gegenüber dem Bezogenen nicht.

Nach meiner schon früher[37]) entwickelten und von der Budapester Konferenz einstimmig geteilten Ansicht ist der letztere Standpunkt zu billigen und der § 11 Abs. 1 Satz 1 des deutschen Entwurfs zu beseitigen. Es liegt kein Grund vor, hier über den Grundsatz des Wechselrechts hinauszugehen, nach welchem eine Klage des Inhabers nur gegen den Akzeptanten (der beim Scheck nicht existiert), nicht aber gegen den Bezogenen als solchen gegeben wird, und es erscheint auch zu weitgehend, diese Klage trotzdem deshalb zu gewähren, weil der Scheck dadurch wiederum in seinen Wirkungen mehr der Barzahlung angenähert werden würde.

Ich habe schon oben (S. 19/20) ausgeführt, dass die Folge eines solchen Klagerechts jedes Scheckinhabers nur sein würde, dass eine grosse Anzahl von Prozessen auf Grund von Verhältnissen geführt würden, welche dem Scheckinhaber in der Regel unbekannt sind und sein müssen, nämlich auf Grund des zwischen dem Aussteller und dem Bezogenen bestehenden Rechtsverhältnisses. Diese — noch dazu im ordentlichen Verfahren, nicht im Urkundenprozesse durchzuführenden — Prozesse würde also der Scheckinhaber vielfach unter Verurteilung in die Kosten verlieren müssen, wenn, was oft sehr zweifelhaft sein kann, der Bezogene dem Aussteller gegenüber zur Einlösung des Schecks nicht verpflichtet war, z. B. wenn das Guthaben des Ausstellers inzwischen durch Aufrechnung getilgt war, oder wenn es in einem — inzwischen gekündigten — Kredit bestanden hatte u. a. m.

---

[37]) Vergl. oben S. 18—21.

Eine solche Klage würde also zur Popularisierung des Schecks am wenigsten beitragen können, vielmehr Weiterungen und Komplikationen schaffen, die dem Scheckverkehr nur schaden könnten.

11. Die im § 21 des deutschen Entwurfs gegebene Schadensersatzklage des Scheckinhabers gegen den Aussteller des rechtzeitig präsentierten, aber nicht eingelösten Schecks (1. falls der Aussteller bei der Scheckbegebung wusste oder ohne grobes Verschulden wissen musste, dass ihm zu dieser Zeit ein ausreichendes Scheckguthaben gegen den Bezogenen nicht zustand, oder 2. falls er nach der Begebung über das Guthaben in der Absicht verfügt hat, die Einlösung zu vereiteln) dürfte, wie ich gleichfalls schon ausführte[38]), aus den Gründen abzulehnen sein, welche nach der Begründung des österreichischen Gesetzes den österreichischen Gesetzgeber (und ihm folgend auch den ungarischen) veranlasst haben, von einer solchen Ersatzklage abzusehen, deren Wirkungen, da der Schadensersatz unbeschränkt sowohl den wirklichen Schaden wie den entgangenen Gewinn umfasst, unter Umständen ruinös für den Aussteller sein würden. Dies hat auch die Budapester Konferenz einstimmig empfohlen.

Der Gesetzgeber sollte überhaupt nach dem Vorbilde der Wechselordnung vermeiden, solche Fragen regeln zu wollen, welche nicht die Urkunde selbst und die aus ihr hervorgehenden Rechtsverhältnisse betreffen, sondern den unterliegenden, dem Dritten in der Regel unbekannten Rechtsverhältnissen entnommen sind.

Ueberdies hat der Verkehr, wie schon in der Denkschrift des Mitteleuropäischen Wirtschaftsvereins in Deutschland ausgeführt wurde, lediglich an der Tatsache ein Interesse, ob der Scheck eingelöst wird oder nicht, dagegen gar kein Interesse daran, ob er eingelöst

[38]) Vergl. oben S. 24/25—27.

wird, weil das Guthaben des Ausstellers schon zur Zeit der Begebung oder weil es erst zur Zeit der Präsentation des Schecks vorhanden war. Keinenfalls aber würde es mit den Anschauungen des Verkehrs verträglich sein, den Aussteller des Schecks für schadensersatzpflichtig zu erklären, falls ihm zur Zeit der Begebung des Schecks ein Guthaben nicht zustand, er aber annehmen durfte, dass ihm bis zur Präsentation ein solches Guthaben (z. B. aus eingehenden Wechseln) zustehen werde.

Der zweite Fall der Ersatzpflicht ist zudem ohne praktischen Wert, da die Absicht einer Vereitelung der Scheckeinlösung dem Scheckaussteller kaum jemals zu beweisen sein wird.

Abgesehen hiervon dürften in beiden Fällen, wenn eine betrügerische Absicht vorliegt, die Bestimmungen des allgemeinen bürgerlichen Rechtes in der Regel eine ausreichende Grundlage für etwaige begründete Ersatzansprüche an die Hand geben. Auch die nach § 23 des österreichischen Gesetzes zu verhängende Ordnungsstrafe empfiehlt sich nicht zu allgemeiner Einführung.

12. Von den Fälschungsfragen entscheidet § 23 des deutschen Entwurfs nur die Frage, ob aus einem Scheck, auf welchem die Unterschrift des Ausstellers oder eines Indossanten gefälscht ist, diejenigen (Indossanten und der Aussteller), deren Unterschrift echt ist, verpflichtet bleiben, und zwar — gemäss Art. 75 der W.O. — in bejahendem Sinne, ebenso wie § 20 Ziff. 4 des österreichischen Gesetzes und § 21 Ziff. 12 des ungarischen Entwurfs. Dagegen ist, wie im österreichischen Gesetz und im ungarischen Entwurf[39]), a. a. O., über die Haftung des

---

[39]) Der § 20 Ziff. 4 des österreich. Gesetzes schreibt zwar äusserlich, unter Zitierung der artt. 75 u. 76 der W.O., die Anwendung der wechselrechtlichen Vorschriften über falsche und verfälschte Wechsel vor, und ebenso verfährt der § 21 Ziff. 12 des ungar. Entwurfs, indem er die §§ 81 und 82 des Gesetzartikels XXVII v. J. 1876 für anwendbar erklärt. Aber die hier zitierten artt. 75 u. 76

Ausstellers und der Indossanten des Schecks im Falle einer Verfälschung des Scheckinhaltes nichts gesagt.

Ebensowenig hat der deutsche Entwurf die Frage entschieden, ob der Bezogene oder der Scheckkunde (der Aussteller des Schecks) den aus der Einlösung eines falschen oder verfälschten Schecks sich ergebenden Schaden zu tragen hat. Er unterliess dies voraussichtlich deshalb, weil es nach der deutschen Rechtsprechung nicht zweifelhaft ist, dass der an sich vom Bezogenen zu tragende Schaden dann vom Aussteller, also dem Kunden, zu tragen ist, wenn diesem ein Verschulden (z. B. bei Aufbewahrung der Scheckformulare) zur Last fällt, während bei beiderseitigem Verschulden gemäss § 254 des deutschen bürgerlichen Gesetzbuches eine verhältnismässige Verteilung des Schadens eintritt.

Dagegen hat das österreichische Gesetz im § 20 Ziff. 4 die Frage der Ersatzpflicht des aus der Einlösung eines falschen oder verfälschten Schecks sich ergebenden Schadens ausdrücklich und zwar dahin geregelt, dass dieser Schaden grundsätzlich den Bezogenen treffen soll, den Aussteller des falschen oder verfälschten Schecks aber nur dann, wenn ihm hinsichtlich der Fälschung oder Verfälschung ein Verschulden zur Last fällt, oder wenn die Fälschung oder Verfälschung von seinen bei der Gebarung mit den Schecks verwandten Angestellten verübt wurde, und dass eine abweichende Vereinbarung keine rechtliche Wirkung haben soll. Der § 22 des ungarischen Entwurfs stimmt hiermit im wesentlichen überein.

Die Budapester Konferenz hat den Wunsch ausgedrückt, dass auch in den deutschen Entwurf über die

---

der W.O. und die §§ 81 u. 82 des Gesetzartikels XXVII enthalten in Wahrheit nichts über die Verfälschung des Wechselinhalts, sondern sprechen nur von gefälschten und verfälschten Wechsel-Unterschriften.

Schadenshaftung im Falle einer Fälschung oder Verfälschung des Schecks eine ausdrückliche Bestimmung aufgenommen werde, welche im wesentlichen den Inhalt des § 20 Ziff. 4 des österreichischen Gesetzes mit der Massgabe wiederzugeben hätte, dass entweder jede Bezugnahme auf die Angestellten unterlassen wird (so dass es in dieser Beziehung bei den Vorschriften des allgemeinen bürgerlichen Rechts bliebe), oder dass die Haftung des Ausstellers für das Verschulden von Angestellten auf alle Angestellte ausgedehnt wird. —

Für die Ausschliessung abweichender Vereinbarungen sprechen zwar (mit Rücksicht auf die — in der Regel wenigstens — sehr verschiedene Machtstellung des Ausstellers und Bezogenen) gewichtige Gründe, die Mehrheit der Budapester Konferenz hat sich jedoch aus Gründen der Vertragsfreiheit und weil kein Grund ersichtlich sei, gerade in dieser Spezial-Materie eine Ausnahme von den sonst gültigen Vorschriften des bürgerlichen Rechts zu treffen, gegen eine solche Ausschliessung ausgesprochen [40]).

13. Was die Präsentationsfristen betrifft, so ist zu unterscheiden:

a) Es kann natürlich diejenige für Inlandschecks von jedem Lande verschieden geregelt werden, und es

---

[40]) Ich bemerke hierzu, dass, falls der deutsche Entwurf diese Frage ausdrücklich regeln sollte, die Wahrscheinlichkeit sehr gross wäre, dass auch hier aus den angedeuteten Gründen die Vorschrift zu einer zwingenden erhoben würde. Dies vor allem spricht dafür, es hier, gerade wenn man den Absichten der Budapester Konferenz Rechnung tragen will, bei den Vorschriften des allgemeinen bürgerlichen Rechts, welche dispositiver Natur sind, zu belassen, und zwar umsomehr, als dadurch irgend wesentliche Unterschiede gegenüber den ausdrücklichen Vorschriften des österr. Gesetzes und des ungar. Entwurfs nicht entstehen dürften. Hierfür spräche auch der, tunlichst wenigstens, festzuhaltende Grundsatz, dass das Scheckgesetz Verhältnisse, die sich nicht aus der Urkunde selbst ergeben, im allgemeinen nicht regeln sollte.

wird kaum eine Einheit in dieser Frage möglich oder auch nur anzustreben sein.

Der deutsche Entwurf bestimmt im § 9 Abs. 1 für den innerhalb Deutschlands ausgestellten und zahlbaren Scheck (also — in Uebereinstimmung mit dem ungarischen Entwurf — ohne Unterscheidung zwischen Platz- und Distanz-Schecks) eine Präsentationsfrist von 7 Tagen, welche aber tatsächlich 9 Tage beträgt, da der Ausstellungstag und der in diese 7 Tage stets fallende Sonntag nicht mitgerechnet werden soll (richtiger wäre freilich auch hier eine Frist von 10 Tagen, aber dann mit der sogenannten computatio civilis gemäss den §§ 187 Abs. 1 und 193 B.G.B.).

Das österreichische Gesetz unterscheidet im § 9 Abs. 1 bei Inlandschecks zwischen Platzschecks (am inländischen Ausstellungsorte zahlbaren Schecks), welche binnen 5 Tagen und Distanzschecks (also an einem anderen inländischen Orte zahlbaren Schecks), welche binnen 8 Tagen nach der Ausstellung dem Bezogenen zur Zahlung vorzulegen sind; der Ausstellungstag, die Sonntage und allgemeinen Feiertage werden aber bei Berechnung dieser Fristen nicht mitgezählt.

Der ungarische Entwurf endlich bestimmt im § 7 Abs. 1 für den im Inlande zahlbaren und im Inlande ausgestellten Scheck, ohne Trennung zwischen Platz- und Distanz-Schecks, 8 Tage ohne Anrechnung des Ausstellungstages.

b) Was Auslandschecks anbetrifft, so kann das Gesetz absolute oder relative Fristen bestimmen:

Der deutsche Entwurf hat relative Fristen. Er bestimmt nach § 9 Abs. 2 Satz 1 für den ausserhalb des Reichsgebietes ausgestellten, aber im Reichsgebiete zahlbaren Scheck, dass er spätestens am 7. Tage nach Ablauf desjenigen Zeitraums am Zahlungsorte zu präsentieren ist, welcher erforderlich ist, um ihn vom Ausstellungsorte mit den gewöhnlichen Transportmitteln nach dem Zahlungsorte zu versenden, wobei der Ankunftstag des Schecks im Inlande nicht mitgerechnet wird.

Das gleiche gilt nach § 9 Abs. 2 Satz 2 des deutschen Entwurfs für den innerhalb des Reichsgebietes ausgestellten, aber ausserhalb des Reichsgebietes zahlbaren Scheck, falls nicht etwa das ausländische Recht eine besondere Vorlegungsfrist vorschreibt.

Auch das österreichische Gesetz enthält in § 9 Abs. 2, wenn auch nicht in gleichem Masse wie der deutsche Entwurf, relative Fristen, da nicht von vornherein feststeht, wann der binnen 5 Tagen nach der Ausstellung an den Zahlungsort zu sendende und binnen weiterer 5 Tage nach seinem Eintreffen dort dem Bezogenen zur Zahlung zu präsentierende Scheck wirklich am Zahlungsort eintrifft. Dagegen enthält der § 7 Abs. 1 des ungarischen Entwurfes absolute Fristen über die Präsentationsfrist der im Inlande zahlbaren, aber im Auslande ausgestellten Schecks, während für die im Inlande ausgestellten, aber im Auslande zahlbaren Schecks nach dem Oesterr. Gesetz § 9 Abs. 6, dem deutschen Entwurf § 9 Abs. 2 Satz 2 und dem ungarischen Entwurf § 7 Abs. 3 übereinstimmend die inländischen Vorschriften über die Präsentationsfrist nur dann gelten sollen, wenn das ausländische Gesetz keine einschlägigen Vorschriften enthält.

Das System der absoluten Fristen, also das System des ungarischen Entwurfs, dürfte — auch nach Ansicht der Budapester Konferenz — für im Auslande ausgestellte und im Inlande zahlbare Schecks dem deutschen relativen System weit vorzuziehen sein, denn der Scheckinhaber und der Bezogene werden nur schwer und kaum je mit einer jeden Zweifel ausschliessenden Sicherheit den Zeitraum bestimmen können, welcher erforderlich ist, um den Scheck vom Ausstellungsorte mit den gewöhnlichen Transportmitteln nach dem Zahlungsorte zu senden. Dies ist aber um so bedenklicher, als sich an die Einhaltung oder Nichteinhaltung der Präsentationsfristen überaus wichtige Rechtsfolgen (namentlich hinsichtlich der Frage des Regresses) knüpfen.

Die Länge dieser absoluten Fristen dürfte unter dem Gesichtspunkte tunlichster Uebereinstimmung mit den Fristen des ungarischen Entwurfes zu regeln sein (von Oesterreich für Auslandschecks im Wege eines die sämtlichen internationalen Fragen regelnden Nebengesetzes), wobei aber, was auch noch in Ungarn berücksichtigt werden sollte, am besten, wie dies im Art. 78 der A.D.W.O. geschehen ist, verschiedene Präsentationsfristen vorgeschrieben würden, je nachdem der Scheck in einer von drei zu bestimmenden Zonen zahlbar ist.

Dagegen sollte es auch in Deutschland bei dem Grundsatze verbleiben, hinsichtlich dessen alsdann die drei Rechte einig wären, dass für im Inlande ausgestellte, aber im Auslande zahlbare Schecks bezüglich der Präsentationsfrist die einheimische Gesetzgebung nur dann gelten soll, wenn das ausländische Recht keine besonderen Präsentationsfristen festgestellt hat.

Bei Besprechung der vorstehenden Fragen ist übrigens in der Budapester Konferenz ausdrücklich auf § 23 Abs. 6 des ungarischen Entwurfs hingewiesen worden, worin, um tunlichst auszuschliessen, dass der Scheck behufs Erzielung einer längeren Präsentationsfrist fälschlich von einem ausländischen Ort ausgestellt wird, eine Stempelstrafe auch demjenigen angedroht wird, welcher den Scheck „der Wahrheit zuwider als vom Auslande auf das Inland gezogen darstellt“ [41]).

---

[41]) Ich möchte, was Stempelfragen betrifft, bei diesem Anlass dringend die Abschliessung eines — voraussichtlich sehr leicht durchzusetzenden — Staatsvertrages zwischen Deutschland, Oesterreich und Ungarn befürworten, wonach Schecks, die in einem dieser drei Vertragsstaaten ausgestellt und in einem andern Vertragsstaat zahlbar sind, in jedem dieser Staaten hinsichtlich

14. Der Fall einer Verschiedenheit der Gesetze des Ausstellungs- und Zahlungsorts hinsichtlich der wesentlichen Scheckerfordernisse hat im § 24 des deutschen Entwurfs weder eine klare, noch eine ausreichende Regelung gefunden. Auch das österreichische Gesetz hat sich im § 20 Ziff. 7 darauf beschränkt, diese Frage bei Auslandsschecks durch eine Bezugnahme auf Art. 85 der Allg. Deutschen Wechselordnung zu lösen, der aber auch nicht alle einschlägigen Fragen geregelt hat, und einen ähnlichen Weg hat der ungarische Entwurf in § 21 eingeschlagen.

Demgegenüber hat die Budapester Konferenz der drei mitteleuropäischen Wirtschaftsvereine, die ja gerade auf diese Fragen des internationalen Privatrechts naturgemäss besonderen Wert legen musste, dieselben an eine besondere Unterkommission[42]) verwiesen, welche nach eingehender Beratung dem Plenum einstimmig die folgenden von diesem angenommenen Thesen unterbreitet hat:

„Die wesentlichen Scheck - Erfordernisse sollen bestimmt werden:

1. hinsichtlich der im Inlande ausgestellten, aber im Auslande zahlbaren Schecks nach den Gesetzen des inländischen Ausstellungs-

der Stempelpflicht den im Inland ausgestellten und im Inland zahlbaren Schecks gleichgestellt werden sollen. Dies würde auch für den künftigen Postscheckverkehr eine grosse Erleichterung sein, der hoffentlich in Deutschland von vornherein in engste Verbindung mit dem Postscheckverkehr und dem sich daran anschliessenden Ueberweisungs- und Abrechnungsverkehr von Oesterreich und Ungarn treten wird.

[42]) Dieser Unterkommission gehörten an: die Professoren Georg Cohn (Zürich) und Victor Ehrenberg (Göttingen), ferner der Bankdirektor Dr. Hammerschlag (Wien), der Hofrat des K. K. Postsparkassenamts Dr. Leth (Wien), der Kgl. ungarische Kurialrichter Karl Grecsak (Budapest) und der Verfasser dieser Zeilen (als Vorsitzender).

ortes, soweit die im Inlande auf solche Schecks gesetzten Erklärungen in Betracht kommen;

2. hinsichtlich der im Auslande ausgestellten und im Auslande zahlbaren Schecks oder der im Auslande auf diese Schecks gesetzten Erklärungen nach den Gesetzen des ausländischen Ausstellungs- resp. Erklärungsortes mit der Massgabe, dass, wenn jene Schecks oder Erklärungen den Anforderungen des inländischen Gesetzes entsprechen, daraus, dass nach den ausländischen Gesetzen ein Mangel vorliegt, kein Einwand gegen die Rechtsverbindlichkeit der im Inlande auf den Scheck gesetzten Erklärungen entnommen werden kann;
3. hinsichtlich der im Auslande ausgestellten, aber im Inlande zahlbaren Schecks oder hinsichtlich der auf einen solchen Scheck im Auslande gesetzten Erklärungen nach den Gesetzen des ausländischen Ausstellungs- resp. Erklärungsortes mit der Massgabe, dass jene Schecks oder Erklärungen gültig sind, auch wenn sie zwar nicht den Anforderungen der ausländischen Gesetze, wohl aber denjenigen des inländischen Gesetzes entsprechen."

Die Unterkommission konnte aber damit ihre Aufgabe noch nicht als erledigt ansehen, weil sowohl im Plenum wie in der Kommission selbst verschiedene Ansichten zunächst darüber obwalteten, ob es richtig sei, mit dem § 2 Abs. 2 des österreichischen Gesetzes und dem § 1 Ziff. 2 des ungarischen Entwurfes auch die im Gesetze vorzuschreibende besondere Eigenschaft des Bezogenen, also die sogen. passive Scheckfähigkeit, zu den wesentlichen Erfordernissen zu rechnen.

Diese Frage wurde von der Mehrheit der Unterkommission, welche sich aus den ungarischen und deutschen Mitgliedern zusammensetzte, gegen die Stimmen der österreichischen Mitglieder, verneint und ausgesprochen:

> „Die Rechtsgültigkeit des Schecks und der auf den Scheck gesetzten Erklärungen soll durch die mangelnde passive Scheckfähigkeit des Bezogenen nicht berührt werden, vielmehr soll der Mangel der letzteren nur stempelrechtliche Folgen nach sich ziehen."

Das Plenum trat der Mehrheit der Unterkommission bei. Nach Beantwortung dieser Vorfrage wurde alsdann die weitere Frage von der Unterkommission beraten, welche Folgen eintreten sollen, wenn die Gesetze des Ausstellungsorts Vorschriften über die passive Scheckfähigkeit enthalten, welche von denen des Zahlungsorts abweichen.

In dieser Beziehung hat die Unterkommission einstimmig folgenden, alsdann vom Plenum angenommenen Beschluss gefasst:

> „Ist die passive Scheckfähigkeit am Ausstellungsorte und am Zahlungsorte des Schecks nach verschiedenen Gesichtspunkten normiert, so sollen die Erklärungen, welche im Inlande auf im Inland ausgestellte, aber im Auslande zahlbare Schecks gesetzt sind, auch dann rechtsgültig sein, wenn bezüglich der Voraussetzungen der passiven Scheckfähigkeit entweder das Recht des inländischen Ausstellungsorts, oder, falls der Kreis der passiv Schekfähigen im Rechte des ausländischen Zahlungsorts weiter ge-

zogen ist, das letztere Recht beobachtet ist" [43]).

Die vorgedachten, tief in das internationale Privatrecht eingreifenden Thesen, welche auch in Oesterreich noch sehr wohl in einem noch zu erlassenden Nebengesetz geregelt werden könnten, dürften als der vielleicht interessanteste Teil der Beschlüsse der Budapester Konferenz zu betrachten und zum Teil auch über das Gebiet des Scheckrechts hinaus nicht ohne Bedeutung sein.

15. Es dürfte sich empfehlen, auch im deutschen Entwurf, wie dies im § 20 des österreichischen Gesetzes und im § 21 des ungarischen Entwurfs geschehen ist, in einem Artikel diejenigen wechselrechtlichen Vorschriften zusammenzufassen, welche auf den Scheck entsprechende Anwendung finden sollen.

Hiervon abgesehen, ist aber auch der Kreis der wechselrechtlichen Vorschriften, welche nach den zerstreuten Vorschriften des deutschen Entwurfs auch auf den Scheckverkehr anwendbar sein sollen, weiter zu fassen. Insbesondere fehlt (abgesehen von dem bereits oben erwähnten Art. 76) die — m. E. notwendige — Bezugnahme auf den Art. 16 der Wechselordnung wegen des Nachindossaments und den Art. 17 eod. über das Prokura-Indossament.

16. Wie immer sich der deutsche Entwurf zu der in unserem früheren Artikel angedeuteten, nach meiner Ansicht zu bejahenden Frage stellen möge, ob der Scheck im Zweifel eine (besonders qualifizierte) Anweisung im Sinne der §§ 783—792 B.G.B. ist, oder ob gemäss der französischen Praxis und v. Canstein's Vorschlag die Be-

---

[43]) Es wäre also die in der Unterkommission erörterte Fassung nicht richtig, sondern offenbar zu eng, zu bestimmen, dass im Ausland zahlbare Schecks nur auf solche Personen oder Firmen gezogen werden dürfen, auf die nach dem ausländischen Recht ein Scheck gezogen werden darf.

gebung des Schecks eine Zession des Guthabens des Ausstellers beim Bezogenen darstelle, keinenfalls darf die Frage offen gelassen werden. Die Motive zu dem früheren deutschen Entwurf von 1892 stellen es ausser Zweifel, dass dieser Entwurf die Frage absichtlich nicht hat entscheiden wollen, und in gleichem Sinne vermeidet der jetzige Entwurf jede Andeutung nach dieser Richtung, weshalb er denn auch im § 1 Abs. 1 Ziff. 2 unter den wesentlichen Scheck-Erfordernissen die an den Bezogenen gerichtete Zahlungs-Aufforderung (nicht Anweisung) aufzählt.

Dies ist nicht angängig, der Entwurf sollte gerade an dieser Stelle durch den Gebrauch des Wortes „Anweisung“ in klarer Weise Stellung nehmen und insbesondere dadurch zum Ausdruck bringen, dass auch für den Scheck im Zweifel der Satz gilt: Anweisung ist keine Zahlung.

IV.

Im Nachstehenden soll auf Grund der Erörterungen des letzten Artikels (III) übersichtlich klargestellt werden, welche Aenderungen und Ergänzungen an dem deutschen und ungarischen Entwurf vorzunehmen wären, damit in Gemässheit der berechtigten Wünsche der Budapester Konferenz die Rechtseinheit zwischen Deutschland, Ungarn und Oesterreich auf dem Gebiete des Scheckrechts hergestellt werde.

Da in Oesterreich ein Scheckgesetz schon am 3. April 1906 publiziert ist, musste dieses bei den Beratungen der Budapester Konferenz zunächst als fester Punkt betrachtet werden, vorbehaltlich der Ergänzungen, die auch dort auf dem Gebiete des internationalen Scheckrechts notwendig und gewiss auch im Wege eines Ergänzungsgesetzes durchführbar sein werden.

Es wird also, da die Abweichungen des ungarischen

Entwurfs von dem österreichischen Gesetz im grossen und ganzen nicht sehr erheblich sind, in erster Linie der deutsche Entwurf einer Reihe von Aenderungen und Ergänzungen zu unterziehen sein[44]), wenn überhaupt das dringend wünschenswerte Ziel erreicht werden soll.

I. Was zunächst den deutschen Entwurf angeht, so würde dieser folgenden Aenderungen zu unterliegen haben:

1. Es sollten (als Ausnahme von § 7 Abs. 2 Satz 1 Deutschl.[45]) sowie von § 7 Oesterr. und § 5 Abs. 3 Ung.) wenigstens für im Auslande zahlbare, wenn auch im Inlande ausgestellte Schecks indossable Scheck-Kopien (Abschriften) zugelassen werden. Dem steht kaum etwas entgegen.

2. Die Bezeichnung des Zahlungsempfängers wäre unter den wesentlichen Erfordernissen des § 1 (entgegen der Vorschrift des § 1 Ziffer 3 Deutschl.) zu streichen und dagegen mit § 3 Abs. 3 Oesterr. und § 2 Abs. 3 Ung. zu bestimmen, dass der Scheck, welcher keine Angabe darüber enthält, an wen er gezahlt werden soll, an den Inhaber (Ueberbringer) zu zahlen ist.

Diese dem Bedürfnis des Verkehrs nach tunlichster Fernhaltung nichtiger Schecks entsprechende Streichung dürfte unschwer durchzusetzen sein.

3. Es wäre im § 1 Deutschl. — der bisherige Entwurf enthält darüber nichts — zur Abschneidung von Zweifeln und im Interesse der Uebereinstimmung

---

[44]) Diese Aenderungen stimmen übrigens meist mit denjenigen Abänderungswünschen überein, welche bereits früher in dem Fragebogen und in der Denkschrift des Mitteleuropäischen Wirtschaftsvereins in Deutschland geltend gemacht worden sind.

[45]) Ich gebrauche im folgenden durchweg die Kürzung Deutschl. für den „vorläufigen Entwurf eines Scheckgesetzes" (Reichsanzeiger vom 13. Juli 1907), Oesterr. für das österreichische Scheckgesetz vom 3. April 1906 und Ung. für den jetzt zur Beratung stehenden ungarischen Scheckgesetzentwurf.

mit § 2 Abs. 2 Oesterr. und § 1 Abs. 1 Ung. ausdrücklich zu sagen, dass aus einer Schrift, der eines der wesentlichen Formerfordernisse fehlt, und aus den auf eine solche Schrift gesetzten Indossamenten keine Verbindlichkeit im Sinne des Scheckgesetzes entsteht. Auch dem steht sicherlich nichts entgegen.

4. Die Bestimmung der (beschränkten) passiven Scheckfähigkeit (§ 2 Deutschland) ist auch im Wortlaut als eine nur instruktionelle, also etwa dahin zu fassen: „Als Bezogene sollen nur bezeichnet werden", entsprechend dem Beschlusse der Budapester Konferenz, dass die Rechtsgültigkeit des Schecks und der auf den Scheck gesetzten Erklärungen durch die mangelnde passive Scheckfähigkeit nicht beeinträchtigt werden darf, dass vielmehr dieser Mangel, entgegen dem § 2 Abs. 2 Oesterreich und dem § 1 Abs. 1 Ziffer 2 und Abs. 2 Ungarn, nur stempelrechtliche Folgen nach sich ziehen soll.

Diese Aenderung ist eine lediglich redaktionelle, da der Sinn des § 2 Deutschl. sicherlich der gewünschten Aenderung entspricht, aber nicht klar genug zum Ausdruck gelangt ist.

5. Hinsichtlich des Zahlungsortes des Schecks (§ 3 Abs. 2 Deutschl.) wäre der Grundsatz des deutschen Entwurfes aufzugeben, wonach die Angabe eines anderen Zahlungsortes als des bei der Firma des Bezogenen angegebenen, also die Domizilierung, den Scheck als solchen ungültig machen soll.

Es ist im Interesse der Rechtseinheit und ferner im Interesse des Grundsatzes, dass dem Verkehr nach Möglichkeit nichtige Schecks fernzuhalten sind, dringend zu wünschen und demgemäss auch von der Budapester Konferenz gewünscht worden, dass der Domizilvermerk, in materieller Uebereinstimmung mit § 4 Oesterreich, als nicht geschrieben oder gemäss § 3 Abs. 2 Ungarn als „unwirksam“ gelten und demgemäss der Scheck ungeachtet des Domizilvermerks an dem Orte zahlbar sein soll, der bei dem Namen oder der Firma des Bezogenen angegeben ist, oder, wenn ein Ort nicht angegeben ist, am Ausstellungsort (s. oben S. 43 u. Anm. 34a).

Hoffentlich wird diese Aenderung bei der Umarbeitung des deutschen Entwurfes oder bei der Beratung im Bundesrat oder im Reichstage vorgenommen werden.

6. Hinsichtlich der Zahlungszeit bestimmen Deutschland, Oesterreich und Ungarn übereinstimmend, dass der Scheck bei Sicht zahlbar ist.

Dagegen erklärt der § 6 Deutschl., dass die Angabe einer anderen Zahlungszeit den Scheck als solchen ungültig machen soll, während auch hier, sowohl im Interesse der Rechtseinheit, als im Interesse des Verkehrs und der Popularisierung des Schecks (in Uebereinstimmung mit § 5 Oesterr. und § 4 Ung.) gesagt werden sollte, dass der Scheck auch dann bei Sicht zahlbar ist, „wenn er eine andere oder keine Bestimmung über die Verfallzeit enthält.“

Ich glaube nicht, dass eine Aenderung in diesem Sinne, deren praktische Vorteile auf der Hand liegen, auf Schwierigkeiten stossen wird. Es ist unrichtig, zu glauben, dass man damit den Scheckaussteller benachteilige, der ausdrücklich erst in der Zukunft zahlen wollte. Wer das letztere will, soll und wird nicht gerade einen Scheck zu dieser Zahlung verwenden, noch dazu auf Kosten der Steuerfreiheit, und der Verkehr wird sich leicht daran gewöhnen, in diesem Falle die Ausstellung von Schecks zu unterlassen.

7. Die mit dem Wechselrecht übereinstimmende — an sich wohl empfehlenswerte — Vorschrift des § 7 Deutschl., wonach der auf einen bestimmten Namen gestellte Scheck auch ohne ausdrückliche Order-

klausel indossabel ist, wäre gemäss § 6 Abs. 1 Oesterr. und § 5 Abs. 1 Ung. dahin zu ändern, dass der Namensscheck[46]) nur dann indossabel ist, wenn er ausdücklich an Order lautet, ein Prinzip, welches übrigens auch dem § 363 H.G.B. (hinsichtlich der kaufmännischen Anweisung) zu Grunde liegt, also ebenso gut für den Scheck angenommen werden kann, wie der abweichende Grundsatz des Wechselrechts.

Eine solche Aenderung, die im Interesse der Rechtseinheit der 3 Staaten wünschenswert ist, wird deshalb praktische Schwierigkeiten kaum hervorrufen, weil der Scheckverkehr sich nach dem Inkrafttreten des Scheckgesetzes noch mehr als bisher auf dem Wege von Formularen vollziehen dürfte, auf denen dann die Orderklausel aufgedruckt würde.

Ein Bedürfnis zum Fortbestand der Vorschrift des § 7 Abs. 1, Halbsatz 2 Deutschl., wonach es dem Aussteller gestattet sein soll, die Indossabilität des Schecks durch den Vermerk: „Nicht an Order" oder einen gleichbedeutenden Zusatz zu untersagen, läge dann nicht mehr vor. (S. oben S. 44 und Anm. 35.)

Ich hoffe, dass auch diese Aenderung durchzusetzen sein wird.

8. Mit dem § 6 Abs. 4 Oesterreich und dem § 5

[46]) Was den Inhaber-Scheck angeht, so müsste, im Gegensatz zu § 14 Abs. 3 Deutschl., aber in Uebereinstimmung mit § 6 Abs. 2 Oesterr. und § 5 Abs. 1 Halbsatz 2 Ung., auch dessen Quasi-Indossament ausgeschlossen werden. Ein praktisches Bedürfnis nach einer Indossierung des Inhaber-Schecks oder nach einer Einlösungshaftung des in dorso Unterzeichneten scheint mir nicht vorzuliegen. Wohl aber würde der Zahlungsempfänger, welcher auf Wunsch des Bezogenen seinen Namen oder seine Firma in blanco auf die Rückseite des Inhaber-Schecks geschrieben hat, was nach der Absicht beider Teile lediglich ein Indossament an den Bezogenen sein, also als Quittung dienen sollte, nach § 14 Abs. 3 eine vom Unterzeichner absolut nicht gewollte Haftung für die Einlösung des Schecks übernehmen müssen, wenn der Scheck gestohlen und dann weiter indossiert wird.

Abs. 3 Ungarn sollte auch der § 7 Abs. 2 Satz 2 Deutschland bestimmen, dass das Indossament an den Bezogenen nicht lediglich ungültig ist, wie es der Entwurf bestimmt, sondern dass es als Quittung und nicht als Indossament anzusehen ist[47]).

Es ist wohl anzunehmen, dass schon bei der neuen Redaktion des Entwurfs dieser alten Forderung auch der deutschen Verkehrskreise entsprochen werden wird.

9. Indossable Scheck-Duplikate, die namentlich für im Inlande ausgestellte Schecks, welche im Auslande zahlbar sind, zum Schutze gegen die Transportgefahren gebräuchlich und wünschenswert sind, sollten durch die Vorschrift ermöglicht werden, dass die Artt. 66 bis 69 der Wechselordnung sinngemäss anwendbar seien.

Eine solche Vorschrift stellt eine wünschenswerte und praktische, also wohl leicht zu erreichende Ergänzung des Entwurfes dar.

10. Hinsichtlich des Konkurses des Ausstellers soll nach dem Wunsche der Budapester Konferenz, da die Auslegung des § 8 der Konkursordnung keine einheitliche und keine sichere ist, eine ausdrückliche Vorschrift in den deutschen Entwurf aufgenommen werden, und zwar im Interesse der Rechtseinheit eine mit dem

[47]) Diese Fassung beseitigt die Möglichkeit eines Gegenbeweises, der bei der österr. u. ungar. Fassung: „gilt als Quittung" wohl möglich wäre. Sie beseitigt aber nicht die Schwierigkeiten, die in dem Falle erwachsen, welcher in Anm. 46 vorausgesetzt wird, und welcher nicht nur, falls § 14 Abs. 3 Deutschl. bestehen bleibt, bei Inhaber-Schecks, sondern bei allen indossablen Schecks vorkommen kann. Diese Schwierigkeiten entstehen dadurch, dass das vom Zahlungsempfänger auf Wunsch des Bezogenen bei Ablieferung des Schecks in blanco auf die Rückseite des letzteren gesetzte Indossament zwar ein Indossament an den Bezogenen sein soll, aber äusserlich jedenfalls nicht ist. Wenn der Scheck alsdann gestohlen und weiter indossiert wird, könnte es somit recht zweifelhaft sein, ob überhaupt auf jenes Blanko-Indossament § 6 Abs. 4 Oesterr. oder § 5 Abs. 3 Ung. oder § 7 Abs. 2 Satz 2 Deutschl. Anwendung finden könnte.

§ 12 Abs. 1 Oesterr. und § 13 Abs. 2 Ung. übereinstimmende Vorschrift, die der bisherigen — allerdings mitunter schwankenden — deutschen Rechtsprechung entspricht, dass der Bezogene die Zahlung des Schecks ungeachtet eines Guthabens des Ausstellers abzulehnen hat, wenn ihm bekannt geworden ist, dass über das Vermögen des Ausstellers der Konkurs eröffnet ist. Man wird diesem Wunsche dann zustimmen können, wenn man nicht auch hier den Gesichtspunkt in den Vordergrund stellt, dass das Scheckgesetz Verhältnisse, die sich nicht aus dem Scheck selbst ergeben, im allgemeinen nicht regeln soll.

Die Aufstellung einer Rechtsvermutung aber, wie sie der § 13 Abs. 2 Satz 2 Ung. für nötig erachtet hat, dürfte sich jedenfalls für Deutschland mit Rücksicht auf den mit der Konkurseröffnung verbundenen und zu publizierenden offenen Arrest erübrigen.

11. Gemäss dem Vorschlag der Budapester Konferenz wäre die direkte Klage des Scheckinhabers gegen den Bezogenen nach § 11 Deutschl., die weder in das österreichische Gesetz, noch in den ungarischen Entwurf übergegangen ist, zu streichen.

Nach den in einer Reihe von deutschen Zeitungen veröffentlichten Andeutungen dürfte der umredigierte deutsche Entwurf diese Klage nicht mehr enthalten.

12. Nach dem Wunsche der Budapester Konferenz sollte auch die Schadensersatzklage des § 21 Deutschl., welche das österreichische Gesetz, entgegen dem ursprünglichen Entwurf, ebensowenig wie der ungarische Entwurf aufgenommen hat, beseitigt werden.

Auch hier ist nach Mitteilungen einer Reihe von Zeitungen anzunehmen, dass die Streichung bei der neuen Redaktion des deutschen Entwurfes bereits erfolgt ist.

13. Ueber die Frage, ob der Bezogene oder der Aussteller (Scheckkunde) den aus der Einlösung eines falschen oder verfälschten Schecks erwachsenden Schaden zu ersetzen hat, wäre nach den Vorschlägen

der Budapester Konferenz auch vom deutschen Entwurf, zumal die Rechtsprechung schwankt, eine ausdrückliche Vorschrift aufzunehmen, welche, entsprechend den von der grossen Mehrheit der deutschen Gerichte aufgestellten Grundsätzen, wenigstens das Prinzip des § 20 Ziffer 4 Oesterr. und des § 22 Ung. enthalten sollte, wonach dieser Schaden im allgemeinen von dem Bezogenen, von dem Aussteller aber nur dann getragen werden soll, wenn diesen ein Verschulden trifft.

Es handelt sich hier für Deutschland nicht um eine Neuerung, sondern nur um eine Deklaration eines im wesentlichen schon jetzt bestehenden Zustandes. Nimmt man an, dass eine ausdrückliche Klarstellung im Interesse der Rechtseinheit wünschenswert erscheine, so wird man sicherlich der Gewährung dieses Wunsches der Budapester Konferenz geneigt sein. Ich habe aber schon oben (S. 47) bemerkt, dass man, gerade weil sich nach dem deutschen bürgerlichen Recht ein wesentlicher Unterschied gegenüber den ausdrücklichen Vorschriften des österr. Gesetzes und des ungar. Entwurfs sich, wenigstens in den Prinzipien, nicht ergibt, hier auch geneigt sein könnte, es bei dem allgemeinen bürgerlichen Recht zu belassen [47a]).

Dagegen wäre auch nach Ansicht der überwiegenden Mehrheit der Budapester Konferenz dem allgemeinen bür-

---

[47a]) Einen Vermittlungsvorschlag macht Ehrenberg (Göttingen) in der D. Jur. Zeitung vom 1. Dezember 1907 (XII. Jahrg Nr. 23) S. 1301. Ausgehend von dem Grundsatz des § 20 Ziff. 4 Oesterr. will er den angeblichen Aussteller des falschen und den Aussteller des verfälschten Schecks nur dann haften lassen, wenn ihn oder seine Angestellte (hier geht E. über Oesterr. hinaus) ein Verschulden trifft; es wird aber dem angeblichen Aussteller des falschen Schecks, also dem Kunden, die Pflicht auferlegt, sich dem Bankier gegenüber zu exkulpieren, also seinerseits nachzuweisen, dass er die erforderliche Sorgfalt nicht verletzt habe. Trifft den, der den Scheck eingelöst hat oder dessen Angestellte ebenfalls ein Verschulden, so soll es bei § 254 B.G.B. bewenden.

gerlichen Recht die Entscheidung der Frage zu überlassen, ob und inwieweit der Aussteller auch für das Verschulden seiner Angestellten zu haften habe, wobei bemerkt sein mag, dass die grosse Mehrheit der Budapester Konferenz die — wohl überlegte — Vorschrift des österreichischen Gesetzes nicht gebilligt hat, wonach der Aussteller nur für ein Verschulden derjenigen Angestellten haften soll, welche bei der Gebarung mit den Schecks verwandt wurden.

14. Was die Präsentationsfristen bei Auslandschecks angeht, so ging die Budapester Konferenz von dem Gesichtspunkte aus, dass dem Verkehr nicht zugemutet werden darf und dass er es auch nicht verträgt, erst lange Berechnungen über die Länge der Präsentationsfrist anzustellen; sie war deshalb der Ansicht, dass den relativen Fristen des § 9 Abs. 2 Satz 1 und 2 Deutschl. und des § 9 Abs. 2 Oesterr. im Prinzip die absoluten Präsentationsfristen, wie sie der § 7 Abs. 1 Ung. aufstellt, vorzuziehen sind.

Was aber die Länge dieser absoluten Fristen betrifft, welche im § 7 Abs. 1 Ungarn auf 15 Tage normiert wird, falls der Scheck in einem anderen europäischen Lande, und auf 30 Tage, falls er in einem aussereuropäischen Weltteile ausgestellt ist, so wurde es von der Budapester Konferenz gewiss mit Recht für angemessener gehalten, gemäss Art. 78 der W.O. (und zwar im Gesetz selbst oder im Verordnungswege) 3 Zonen zu bestimmen, also die Präsentationsfrist bei im Inlande zahlbaren, aber im Auslande ausgestellten Schecks verschieden zu bemessen, je nachdem sie in einer dieser Zonen ausgestellt sind. Dagegen wäre der im § 9 Abs. 2 Satz 2 Deutschl. aufgestellte Grundsatz, welcher auch dem § 9 Abs. 6 Oesterr. und dem § 7 Abs. 3 Ung. entspricht, aufrecht zu erhalten, wonach diese Präsentationsfristen für im Inlande ausgestellte, aber im Auslande zahlbare Schecks nur dann gültig sein sollen, wenn die ausländische Gesetzgebung keine Präsentations- (Vorlegungs-)Fristen vorschreibt. Ich halte es für eine unabweisbare Notwendigkeit, gerade in solchen Fragen eine Uebereinstimmung der drei wirtschaftlich so nahe verbundenen Länder herzustellen.

15. In Bezug auf die in das Gebiet des internationalen Privatrechts gehörigen Fragen einer Verschiedenheit der Gesetze des Ausstellungsortes und des Zahlungsortes

a) hinsichtlich der wesentlichen Scheckerfordernisse und

b) hinsichtlich der passiven Scheckfähigkeit

wären im deutschen Entwurf, der heute (ebenso wie das österreichische Gesetz und der ungarische Entwurf) im § 9 Abs. 2 teils unklare, teils unzureichende oder gar keine Vorschriften über diese beiden Fragen enthält, diejenigen Regeln aufzustellen, welche die Budapester Konferenz auf Vorschlag ihrer Unterkommission zum Beschlusse erhoben hat und welche, wie ich hier wiederholen will, folgendermassen lauten:

A. „Die wesentlichen Scheck - Erfordernisse sollen bestimmt werden:

a) hinsichtlich der im Inlande ausgestellten, aber im Auslande zahlbaren Schecks nach den Gesetzen des inländischen Ausstellungsortes, soweit die im Inlande auf solche Schecks gesetzten Erklärungen in Betracht kommen;

b) hinsichtlich der im Auslande ausgestellten und im Auslande zahlbaren Schecks und der im Auslande auf einen solchen Scheck gesetzten Erklärungen nach den Gesetzen des ausländischen Ausstellungs- oder Erklärungsortes mit der Massgabe, dass, wenn jene Schecks oder Erklärungen den Anforderungen des inländischen Gesetzes entsprechen, daraus, dass nach den ausländischen Gesetzen ein Mangel vorliegt, kein Einwand gegen die Rechtsverbindlichkeit der im Inlande auf den Scheck gesetzten Erklärungen entnommen werden kann;

c) hinsichtlich der im Auslande ausgestellten, aber im Inlande zahlbaren Schecks und hinsichtlich der auf solche Schecks im Auslande gesetzten Erklärungen nach den Gesetzen des ausländischen Ausstellungs- resp. Erklärungsortes mit der Massgabe, dass jene Schecks oder Erklärungen gültig sein sollen, auch wenn sie zwar nicht den Anforderungen des ausländischen Gesetzes, wohl aber denjenigen des inländischen Gesetzes entsprechen".

Diese den Art. 85 der Wechselordnung ergänzenden Regeln entsprechen den Normen des internationalen Privatrechts, dürften also um so mehr im Interesse der hier dringender wie in irgend einem anderen Punkte wünschenswerten Rechtseinheit der drei Staaten adoptiert werden.

B. „Ist die passive Scheckfähigkeit[48]) am Ausstellungsorte und am Zahlungsorte des Schecks nach verschiedenen Grundsätzen normiert, so sollen die Erklärungen, welche im Inlande auf im Inlande ausgestellte, aber im Auslande zahlbare Schecks gesetzt sind, auch dann rechtsgültig sein, wenn bezüglich der Voraussetzungen der passiven Scheckfähigkeit entweder das Recht des inländischen Ausstellungsortes, oder, falls der Kreis der passiv Scheckfähigen am ausländischen Zahlungsorte weiter gezogen ist, das letztere Recht beobachtet ist".

Es ist also nicht etwa zu bestimmen, dass im Aus-

[48]) Dieselbe soll nach den oben (S. 58) mitgeteilten Beschlüssen der Budapester Konferenz nicht zu den wesentlichen Erfordernissen des Schecks gehören, müsste also um deswillen besonders geregelt werden. Diese Regelung dürfte sich aber für den unter B. gedachten Spezialfall auch für diejenigen Staaten empfehlen, welche (wie Oesterr. und bisher auch der ung. Entwurf) bei Nichtbeachtung der Vorschriften über die passive Scheckfähigkeit den Scheck für ungültig erklären.

land zahlbare Schecks nur auf nach dem ausländischen Recht passiv scheckfähige Personen oder Firmen gezogen werden dürfen oder gezogen werden sollen.

16. Endlich sollte gemäss § 1 des ungarischen Entwurfes im § 1 Abs. 1 Ziffer 2 Deutschl. durch Gebrauch des Wortes Anweisung statt Aufforderung zum Ausdruck gelangen, dass der Scheck im Zweifel eine Anweisung ist, so dass insbesondere auch für den Scheck im Zweifel der Satz gilt: Anweisung ist keine Zahlung. —

Wie man sieht, scheiden aus den Aenderungen, welche in dem deutschen Entwurf vorzunehmen wären, schon von vornherein zwei (die Nummern 11 und 12) aus, welche aller Voraussicht nach bereits in dem umgearbeiteten Entwurf vorgenommen sind, und dasselbe dürfte von einer ganzen Reihe anderer Aenderungen zu sagen sein.

Es bleibt also voraussichtlich, ungeachtet der obigen langen Liste, nur eine recht kleine Zahl von Aenderungen übrig, deren Vornahme durch die Herstellung der Rechtseinheit auf dem Gebiete dreier wirtschaftlich und politisch verbundener Staaten, selbst bei einzelnen Bedenken, sicherlich nicht zu teuer erkauft wäre. Ganz besonders gilt dies aber von den Aenderungen, die auf dem Gebiete des internationalen Scheckrechts auf Grund der Vorschläge der Budapester Konferenz erforderlich wären, also in erster Linie von den Präsentationsfristen bei Auslandschecks und von den durch die Beratungen der Unterkommission vorbereiteten, oben in Nr. 15 A und B mitgeteilten wichtigen Vorschlägen, denen voraussichtlich der ungarische Entwurf und hoffentlich auch Oesterr. (letzteres durch ein ergänzendes Gesetz) Rechnung tragen werden.

II. Was die Aenderungen betrifft, welchen das österreichische Gesetz vom 3. April 1906 zu unterwerfen wäre, so sind sie naturgemäss ungemein geringer.

Sie betreffen auch (abgesehen von der seitens der Budapester Konferenz gewünschten Aenderung des § 2 Abs. 2 Oesterr. dahin, dass die Rechtsgültigkeit des Schecks und der auf den Scheck gesetzten Erklärungen durch die mangelnde Scheckfähigkeit des Bezogenen nicht berührt werden soll), lediglich Fragen des internationalen Privatrechts, welche ohne Mühe und wohl auch ohne erhebliche Bedenken durch ein ergänzendes Gesetz in Uebereinstimmung mit den Wünschen der Budapester Konferenz geordnet werden können. Dahin gehört:

1. Die Regelung der namentlich bei im Auslande zahlbaren Schecks wünschenswerten indossabeln Scheck-Duplikate durch die Vorschrift, dass die Art. 66—69 der Wechselordnung entsprechende Anwendung finden sollen.

2. Die Zulassung indossabler Scheck-Abschriften (Kopien) für im Inlande ausgestellte, aber im Auslande zahlbare Schecks als Ausnahme von der Regel des § 7 Halbsatz 2 Oesterr u. § 5 Abs. 3 Halbs. 2 Ung.

3. Die Feststellung absoluter Präsentationsfristen für im Auslande ausgestellte, aber im Inlande zahlbare Schecks gemäss § 7 Abs. 1 Ung., an Stelle der relativen Fristen des § 9 Abs. 2 Oesterr. und § 9 Abs. 2 Deutschl., jedoch mit der Massgabe, dass, unter Anlehnung an die Artt. 78 u. 79 der Wechselordnung, diese absoluten — im Wege des Gesetzes oder der Verordnung festzustellenden — Präsentationsfristen nach 3 verschiedenen Zonen verschieden zu regeln wären.

Darüber, dass für die im Inlande ausgestellten, aber im Auslande zahlbaren Schecks die inländischen Präsentationsfristen nur dann gelten sollen, wenn das ausländische Gesetz keine besonderen Vorschriften enthält, herrscht dagegen Uebereinstimmung in den 3 Staaten (§ 9 Abs. 6 Oesterr.; § 9 Abs. 2 Satz 2 Deutschl.; § 7 Abs. 3 Ung.).

4. Die Regelung der Fälle einer Verschiedenheit der Gesetze des Ausstellungsortes und des Zahlungsortes

a) hinsichtlich der wesentlichen Scheckerfordernisse,

b) hinsichtlich der passiven Scheckfähigkeit

in Gemässheit der oben sub I Nr. 15 unter A und B mitgeteilten auf Antrag der Unterkommission von der Budapester Konferenz gefassten Beschlüsse.

III. Auch der ungarische Entwurf wäre, um den Beschlüssen und Wünschen der Budapester Konferenz Genüge zu leisten, in einigen, allerdings nur in recht wenigen Punkten einer Aenderung oder Ergänzung zu unterziehen, nämlich hinsichtlich:

1. der Regelung der bei im Auslande zahlbaren Schecks wünschenswerten indossablen Scheck-Duplikate durch die Vorschrift unverkürzter Anwendung des § 103 des G.A. XXVII vom Jahre 1876, (s. oben sub II Nr. 1 bei Oesterr.);

2. der Zulassung indossabler Scheck-Abschriften (Kopien) für im Inland ausgestellte, aber im Auslande zahlbare Schecks als Ausnahme von der Regel des § 5 Abs. 3 Halbsatz 2 Ung. (s. oben sub II Nr. 2 bei Oesterr.);

3. der Aufnahme der Guthabenklausel unter die wesentlichen Scheckerfordernisse des § 1 behufs Herstellung der Uebereinstimmung mit Oesterreich und Deutschland;

4. der von der Budapester Konferenz gewünschten Vorschrift, dass die Rechtsgültigkeit des Schecks und der auf den Scheck gesetzten Erklärungen durch die mangelnde passive Scheckfähigkeit (des Bezogenen) nicht berührt werden, dass vielmehr dieser Mangel nur stempelrechtliche Folgen haben soll, so dass die Erwähnung der passiven Scheckfähigkeit unter den wesentlichen Scheck-Erfordernissen im § 1 Ziff. 2 Satz 2 Ung. zu streichen wäre;

5. der Aenderung der im § 7 Abs. 1 Ung. (im Gegensatz zu den relativen Fristen des § 9 Abs. 2 Satz 1 und 2 Deutschl. und § 9 Abs. 2 Oesterr.) bestimmten absoluten Präsentations-(Vorlegungs-)Fristen für im Inlande zahlbare, aber im Auslande ausgestellte Schecks nach dem Vorbilde der Artt. 78 u. 79 der Wechselordnung, also durch die Bildung von 3 Zonen für die Präsentationsfristen solcher Schecks.

Darüber, dass für die im Inlande ausgestellten, aber im Auslande zahlbaren Schecks die inländischen Präsentationsfristen nur dann gelten sollen, wenn das ausländische Gesetz keine besonderen Vorschriften enthält, herrscht dagegen Uebereinstimmung in den drei Staaten (§ 9 Abs. 6 Oesterr.; § 9 Abs. 2 Deutschl.; § 7 Abs. 3 Ung.), vgl. oben II Nr. 3 für Oesterreich;

6. der Frage einer Verschiedenheit der Gesetze des Ausstellungsortes und des Zahlungsortes

a) in Bezug auf die wesentlichen Scheckerfordernisse,

b) in Bezug auf die passive Scheckfähigkeit

in Gemässheit der oben sub I Nr. 15 unter A und B mitgeteilten auf Antrag der Unterkommission von der Budapester Konferenz gefassten Beschlüsse (s. oben II Nr. 4 Oesterr.). —

Es bedarf wohl kaum noch eines Appells an die Regierungen der drei beteiligten Staaten, um sie zu veranlassen, einen Moment wie den gegenwärtigen, der vielleicht nie wiederkehrt, zu benutzen, um, den gemeinsamen wirtschaftlichen Interessen entsprechend, auch die Rechtseinheit auf einem wichtigen Gebiete herzustellen. Auch hier wird sich dann bei auch nur einigermassen gutem Willen zeigen, dass, wer nur das Erreichbare will, auch das Gewollte erreichen wird. —

Anlage.

Vorläufiger Entwurf eines Deutschen Scheckgesetzes.

(Abdruck aus der ersten Beilage zum Deutschen Reichsanzeiger vom 13. Juli 1907.)

Wir Wilhelm, von Gottes Gnaden Deutscher Kaiser, König von Preussen etc. verordnen im Namen des Reiches, nach erfolgter Zustimmung des Bundesrates und des Reichstages, was folgt:

§ 1.

Der Scheck muss enthalten:

1. die in den Text aufzunehmende Bezeichnung als Scheck;

2. die an eine Person oder Firma (den Bezogenen) gerichtete Aufforderung des Ausstellers, aus seinem Guthaben eine bestimmte Geldsumme zu zahlen;

3. die Bezeichnung des Zahlungsempfängers; als solcher kann entweder eine bestimmte Person oder Firma oder der Inhaber des Schecks bezeichnet werden; sind dem Namen oder der Firma des Zahlungsempfängers die Worte „oder Ueberbringer“ oder ein gleichbedeutender Zusatz beigefügt, so gilt der Scheck als auf den Inhaber gestellt;

4. die Unterschrift des Ausstellers mit seinem Namen oder seiner Firma;

5. die Angabe des Ortes, des Monatstages und des Jahres der Ausstellung.

§ 2.

Als Bezogene dürfen bezeichnet werden:

1. die Reichsbank und diejenigen staatlichen und kommunalen Geld- und Kreditinstitute sowie diejenigen in das Genossenschaftsregister eingetragenen Genossenschaften, welche sich nach den für ihren Geschäftsbetrieb massgebenden Bestimmungen mit der Annahme von Geldern und der Leistung von Zahlungen für fremde Rechnung befassen,

2. die in das Handelsregister eingetragenen Firmen, welche gewerbsmässig Bankiergeschäfte betreiben.

§ 3.

Der bei dem Namen oder der Firma des Bezogenen angegebene Ort gilt als Zahlungsort und zugleich als Wohnort des Bezogenen. Ist ein solcher Ort nicht angegeben, so vertritt dessen Stelle der Ausstellungsort.

Die Angabe eines anderen Zahlungsortes macht den Scheck als solchen ungültig.

§ 4.

Ist die zu zahlende Geldsumme (§ 1 Nr. 2) in Buchstaben und in Ziffern ausgedrückt, so gilt bei Abweichungen die in Buchstaben ausgedrückte Summe. Ist die Summe mehrmals mit Buchstaben oder mehrmals mit Ziffern geschrieben, so gilt bei Abweichungen die geringere Summe.

§ 5.

Der Aussteller kann sich selbst als Zahlungsempfänger bezeichnen.

§ 6.

Der Scheck ist bei Sicht zahlbar. Die Angabe einer anderen Zahlungszeit macht den Scheck als solchen ungültig.

§ 7.

Der auf eine bestimmte Person oder Firma gestellte Scheck ist durch Indossament übertragbar, falls nicht der Aussteller die Uebertragung durch die Worte „nicht an Ordre“ oder durch einen gleichbedeutenden Zusatz untersagt hat.

Im übrigen finden in betreff des Indossaments, der Legitimation des Inhabers eines indossierten Schecks und deren Prüfung, sowie in betreff der Verpflichtung des Besitzers zur Herausgabe die Vorschriften, welche die Artikel 11 bis 13, 36 und 74 der Wechselordnung bezüglich des Wechsels enthalten, mit der Massgabe entsprechende Anwendung, dass ein auf eine Abschrift des Schecks gesetztes Indossament keine scheckrechtliche Wirksamkeit hat. Ein Indossament des Bezogenen sowie ein Indossament an den Bezogenen ist ungültig.

§ 8.

Der Scheck darf nicht angenommen werden. Ein auf den Scheck gesetzter Annahmevermerk gilt als nicht geschrieben.

§ 9.

Der innerhalb des Reichsgebietes ausgestellte und zahlbare Scheck ist spätestens binnen sieben Tagen dem Bezogenen am Zahlungsorte zur Zahlung vorzulegen.

Liegt der Ausstellungsort ausserhalb des Reichsgebietes, so ist der Scheck spätestens am siebenten Tage nach Ablauf desjenigen Zeitraumes, welcher erforderlich ist, um ihn vom Ausstellungsorte mit den gewöhnlichen Transportmitteln nach dem Zahlungsorte zu senden, am letzteren Orte zur Zahlung vorzulegen. Das gleiche gilt für den im Reichsgebiete ausgestellten, ausserhalb des Reichsgebietes zahlbaren Scheck, sofern das ausländische Recht keine Vorlegungsfrist vorschreibt.

Der Ausstellungstag und im Falle des Absatzes 2 auch der Ankunftstag, sowie Sonntage und allgemeine Feiertage werden nicht mitgerechnet.

§ 10.

Die Einlieferung eines Schecks in eine Abrechnungsstelle, bei welcher der Bezogene vertreten ist, gilt als Vorlegung zur Zahlung.

Der Bundesrat bestimmt, welche Stellen als Abrechnungsstellen im Sinne dieses Gesetzes zu gelten haben.

§ 11.

Der Bezogene haftet dem Inhaber des Schecks für die Zahlung des Scheckbetrages, soweit er zur Zeit der Vorlegung des Schecks dem Aussteller gegenüber zur Einlösung desselben verpflichtet ist. Er hat nur gegen Aushändigung des Schecks Zahlung zu leisten.

Der Tod des Ausstellers oder der Eintritt der Geschäftsunfähigkeit desselben, sowie der Ablauf der Vorlegungsfrist (§ 9) ist auf das Recht und die Pflicht des Bezogenen zur Zahlung ohne Einfluss.

Ein Widerruf des Schecks seitens des Ausstellers ist dem Bezogenen gegenüber nur nach Ablauf der Vorlegungsfrist wirksam. Der Bezogene, dem gegenüber ein Scheck wirksam widerrufen wurde, darf denselben nicht einlösen.

§ 12.

Der Inhaber eines Schecks kann durch den quer über die Vorderseite geschriebenen oder gedruckten Zusatz: „Nur zur Verrechnung“ verbieten, dass der Scheck bar bezahlt werde. Derselbe darf in diesem Falle nur zur Verrechnung mit dem Bezogenen oder einem Girokunden desselben oder einem Mitgliede der an dem Zahlungsorte bestehenden Abrechnungsstelle (§ 10) benutzt werden. Die hiernach stattfindende Verrechnung gilt als Zahlung im Sinne dieses Gesetzes.

Das Verbot kann nicht zurückgenommen werden. Die Uebertretung desselben macht den Bezogenen für den dadurch entstehenden Schaden verantwortlich.

§ 13.

Auf die Verpflichtung des Bezogenen zur Verrechnung finden die Bestimmungen des § 11 entsprechende Anwendung.

Der Bezogene, welcher im Falle des § 12 den Scheck zur Verrechnung in Empfang nimmt, haftet dem Vorleger für die dessen Bestimmung entsprechende alsbaldige Gutschrift des Scheckbetrages.

§ 14.

Der Aussteller und die Indossanten haften dem Inhaber für die Einlösung des Schecks.

Hat ein Indossant dem Indossament die Bemerkung „ohne Gewährleistung“, „ohne Obligo“ oder einen gleichbedeutenden Vorbehalt hinzugefügt, so ist er von der Verbindlichkeit aus seinem Indossament befreit.

Auch bei dem auf den Inhaber gestellten Scheck haftet jeder, welcher seinen Namen oder seine Firma auf die Rückseite des Schecks geschrieben hat, dem Inhaber für die Einlösung. Auf den Bezogenen findet diese Bestimmung keine Anwendung.

§ 15.

Zur Ausübung des Regressrechts (§ 14) muss die rechtzeitige Vorlegung und die Nichteinlösung des Schecks nachgewiesen werden. Der Nachweis kann insbesondere geführt werden:

1. durch einen unter entsprechender Anwendung der Artikel 87, 88 Nr. 1 bis 4, 6, Artikel 89 bis 91 der Wechselordnung aufgenommenen Protest,

2. durch eine von dem Bezogenen auf den Scheck gesetzte, unterschriebene und das Datum der Vorlegung enthaltende Erklärung,

3. durch eine Bescheinigung einer Abrechnungsstelle (§ 10) über die vor Ablauf der Vorlegungsfrist geschehene Einlieferung und die Nichteinlösung des Schecks.

§ 16.

Wegen der Benachrichtigung der Vormänner und des Einlösungsrechts derselben sowie wegen des Umfanges der Regressforderung und der Befugnis zur Ausstreichung von Indossamenten finden die Artikel 45 bis 48, 50 bis 52 und 55 der Wechselordnung entsprechende Anwendung.

§ 17.

Der Inhaber des Schecks kann sich wegen seiner ganzen Regressforderung an alle Verpflichteten oder auch nur an einige oder einen derselben halten, ohne dadurch seinen Anspruch gegen die nicht in Anspruch genommenen Verpflichteten zu verlieren. Es steht in seiner Wahl, welchen Verpflichteten er zuerst in Anspruch nehmen will.

Der Schuldner kann sich nur solcher Einreden bedienen, welche ihm aus dem Scheck selbst oder unmittelbar gegen den jedesmaligen Kläger zustehen.

§ 18.

Der Regresspflichtige ist nur gegen Auslieferung des Schecks, der zum Nachweise der rechtzeitigen Vorlegung und der Nichteinlösung dienenden Urkunden, sofern solche beigebracht sind, und einer quittierten Retourrechnung Zahlung zu leisten verbunden.

§ 19.

Die Regressansprüche gegen den Aussteller und die übrigen Vormänner verjähren, wenn der Scheck in Europa zahlbar ist, in drei Monaten, anderenfalls in sechs Monaten.

Die Verjährung beginnt gegen den Inhaber des Schecks mit dem Ablauf der Vorlegungsfrist (§ 9), gegen jeden Indossanten, wenn er vor Erhebung der Klage gegen ihn gezahlt hat, vom Tage der Zahlung, in allen übrigen Fällen vom Tage der Erhebung der Klage.

§ 20.

Ist die Regressverbindlichkeit des Ausstellers durch Unterlassung rechtzeitiger Vorlegung oder durch Verjährung erloschen, so bleibt derselbe dem Inhaber des Schecks so weit verpflichtet, als er sich mit dessen Schaden bereichern würde.

Der Aussteller gilt bis zum Beweise des Gegenteils als in Höhe des Scheckbetrages bereichert.

Der Aussteller kann aus dem Anspruche, welcher dem Inhaber des Schecks nach § 11 gegen den Bezogenen zusteht, einen Einwand nicht herleiten.

§ 21.

Wird der Scheck nicht eingelöst, so haftet der Aussteller unter der Voraussetzung der Einhaltung der Vorlegungsfrist dem Inhaber für den aus der Nichteinlösung entstehenden Schaden, wenn er entweder

1. bei Begebung des Schecks wusste oder ohne grobes Verschulden wissen musste, dass ihm zu dieser Zeit ein Guthaben, welches zur Einlösung des Schecks und der von ihm auf denselben Bezogenen etwa begebenen anderen Schecks ausreicht, bei dem Bezogenen nicht zustand, oder

2. nach Begebung des Schecks über das Guthaben in der Absicht verfügt hat, die Einlösung zu vereiteln.

Als Guthaben ist der Geldbetrag anzusehen, bis zu welchem der Bezogene nach der zwischen ihm und dem Aussteller getroffenen Vereinbarung von dem letzteren ausgestellte Schecks einzulösen verpflichtet ist.

§ 22.

In den Fällen der §§ 11, 12, Absatz 2, §§ 13, 20 und 21 verjährt der Anspruch in einem Jahre seit Ausstellung des Schecks.

§ 23.

Aus einem Scheck, auf welchem die Unterschrift des Ausstellers oder eines Indossanten gefälscht ist, bleiben diejenigen, deren Unterschriften echt sind, verpflichtet.

§ 24.

Die wesentlichen Erfordernisse eines im Auslande ausgestellten Schecks, sowie jeder im Auslande auf einen Scheck gesetzten Erklärung werden nach den Gesetzen des Ortes beurteilt, an welchem die Ausstellung oder die Erklärung erfolgt ist.

Entspricht jedoch der im Auslande ausgestellte Scheck oder die im Auslande auf einen Scheck gesetzte Erklärung den Anforderungen des inländischen Gesetzes, so kann daraus, dass nach ausländischem Gesetz ein Mangel vorliegt, kein Einwand gegen die Gültigkeit des von einem Inländer ausgestellten, im Inlande zahlbaren Schecks oder gegen die Rechtsverbindlichkeit der später im Inlande auf den Scheck gesetzten Erklärungen entnommen werden.

§ 25.

Abhanden gekommene oder vernichtete Schecks unterliegen der Kraftloserklärung im Wege des Aufgebotsverfahrens mit der Massgabe, dass die Aufgebotsfrist (§ 1015 der Zivilprozessordnung) mindestens zwei Monate betragen muss.

Nach Einleitung des Aufgebotsverfahrens kann der Eigentümer des Schecks, falls der letztere rechtzeitig zur Zahlung vorgelegt, von dem Bezogenen aber nicht eingelöst worden war, nach Massgabe der §§ 14 ff. von dem Aussteller Zahlung fordern, wenn er bis zur Kraftloserklärung des Schecks Sicherheit bestellt. Ohne eine solche Sicherheitsbestellung ist er nur berechtigt, die Hinterlegung des Scheckbetrages zu verlangen.

§ 26.

Bei Einleitung des Aufgebotsverfahrens hat das Gericht auf Antrag des Berechtigten dem Bezogenen die Einlösung des Schecks zu untersagen.

Gegen eine nach freiem Ermessen des Gerichts zu bestimmende Sicherheitsleistung des Antragstellers kann das Verbot erlassen werden, auch wenn der Verlust des Schecks und die im § 1007 Nr. 2 der Zivilprozessordnung bezeichneten Tatsachen noch nicht glaubhaft gemacht sind. In diesem Falle ist zugleich dem Antragsteller zur Nachholung der Glaubhaftmachung eine Frist zu bestimmen, nach deren fruchtlosem Ablaufe das Verbot aufzuheben ist.

Eine dem Verbote zuwider geschehene Einlösung des Schecks ist dem Antragsteller gegenüber unwirksam.

§ 27.

Bürgerliche Rechtsstreitigkeiten, in welchen durch die Klage ein Anspruch auf Grund der Bestimmungen dieses Gesetzes geltend gemacht wird, gehören, sofern in erster Instanz die Landgerichte zuständig sind, vor die Kammern für Handelssachen (§§ 100 bis 118 des Gerichtsverfassungsgesetzes). Die Verhandlung und Entscheidung letzter Instanz wird im Sinne des § 8 des Einführungsgesetzes zum Gerichtsverfassungsgesetz dem Reichsgericht zugewiesen.

Auf die Geltendmachung von Regressansprüchen aus einem Scheck finden die den Wechselprozess betreffenden Vorschriften der §§ 602 bis 604 der Zivilprozessordnung entsprechende Anwendung. Die Rechtsstreitigkeiten, in welchen ein solcher Anspruch geltend gemacht wird, gelten als Feriensachen.

§ 28.

Im Sinne des § 24 des Reichsgesetzes, betreffend die Wechselstempelsteuer, vom 10. Juni 1869 (Bundesgesetzbl. S. 193 ff.) sind als Schecks, für welche die Befreiung von der Wechselstempelabgabe bestimmt ist, diejenigen Urkunden anzusehen, die den Anforderungen des gegenwärtigen Gesetzes (§§ 1, 2, 3, 6 und 24) entsprechen.

§ 29.

Dieses Gesetz tritt am . . . . in Kraft. Die Bestimmungen desselben finden auf früher ausgestellte Schecks keine Anwendung.

Urkundlich etc.

Gegeben etc.

Druck von A. W. Hayn's Erben, Berlin SW. 68.

FSC
www.fsc.org
MIX
Papier | Fördert
gute Waldnutzung
FSC® C083411

Kolibri 360 GmbH
Ferdinand-Jühlke-Straße 7
99095 Erfurt, Deutschland
produktsicherheit@kolibri360.de